——— LA SABIDURÍA DE ———

FULTON SHEEN

con una introducción de Matthew Kelly

BLUE SPARROW

North Palm Beach, Florida

BLUE
sparrow

Arte de la portada por Cameron Smith.
Venerable Fulton Sheen, 2020.
studiocameronsmith.com

Diseño de portada por Madeline Harris
Tipografía de Ashley Dias

ISBN: 978-1-63582-237-3 (softcover)

10 9 8 7 6 5 4 3 2 1

Impreso en los Estados Unidos de América.

PRIMERA EDICIÓN

INTRODUCCIÓN:
UN HOMBRE CON VISIÓN

EN TODOS LOS LUGARES Y TIEMPOS, Dios cría hombres y mujeres para satisfacer las necesidades específicas de su pueblo. Fulton Sheen es un ejemplo perfecto de esto.

Sheen fue un visionario en todo el sentido de la palabra. ¿Cuáles fueron las cualidades que lo convirtieron en un visionario? Era audaz. Era innovador. Era un agitador. No tenía miedo a fracasar. Su entusiasmo era contagioso. Era un hombre de acción. Era un pensador estratégico. Más allá de su elevado intelecto, poseía una inteligencia emocional aun más escasa. Estaba dispuesto a asumir riesgos. Era inspirador. Y era un soñador. Era capaz de mirar al futuro, imaginar algo más grande y mejor en él, y luego volver al presente y trabajar incansablemente para hacer realidad ese futuro imaginado.

Hoy en día se habla mucho de los cambiadores de juego. Fulton Sheen fue la encarnación viva de un cambiador de juego.

Estas cualidades podrían haberse aplicado con gran éxito a cualquier ámbito de su vida, pero Fulton Sheen aceptó con valentía la invitación de Dios de servir a su pueblo.

1

Fue el espíritu visionario de Fulton Sheen el que lo llevó a reconocer proféticamente el lugar central que ocuparía la televisión en todos los hogares estadounidenses, y el papel que desempeñaría para influir y moldear a la sociedad en las décadas venideras. Esa visión lo llevó a conseguir un lugar central para nuestra fe en la televisión de máxima audiencia. Fue un logro monumental. Si realmente queremos entender la importancia de esta hazaña, solo tenemos que considerar que hace cincuenta años él colocó las comunicaciones católicas cincuenta años por delante de los esfuerzos de los medios de comunicación de masas de otros cristianos y, de hecho, de todas las demás religiones. Hoy en día, la comunicación católica va cincuenta años por detrás de los esfuerzos de nuestros hermanos y hermanas cristianos no católicos. Con el paso de los últimos cincuenta años, hemos perdido cien años de terreno que hay que recuperar si queremos comunicarnos eficazmente con la gente de nuestro tiempo.

La idea de un arzobispo en la televisión era y sigue siendo desconcertante para la gente. Pero no debería serlo. Sheen estaba íntimamente conectado con los caminos de Jesús, y sabía que el modelo de Jesús para llegar a la gente era ir a ella. La televisión le proporcionó un medio para llegar cada noche a millones de personas en todas las ciudades de Estados Unidos.

Jesús fue a la gente. No se paró en una sinagoga o en una iglesia a esperar que la gente acudiera a Él. Se encontró con ellos donde estaban y los llevó, poco a poco, a donde los llamaba a estar. Sheen hizo lo mismo. Basó su ministerio en el modelo de Jesús. Se acercó a la gente de muchas maneras, pero principalmente aprovechando el poder de la televisión.

La televisión se convertiría rápidamente en el principal medio para influir en la opinión pública y, por tanto, en una poderosa herramienta para educar y evangelizar. Fulton Sheen lo vio mucho antes de que sucediera y lo aprovechó para difundir el mensaje vivificante del Evangelio. Vio lo que iba a ser la televisión, lo importante que era aprovecharla para bien, y compartir un mensaje de esperanza e inspiración con el mayor número de personas posible. Yo nací demasiado tarde para presenciar el fenómeno Fulton Sheen, pero ojalá lo hubiera hecho. Él era la encarnación de la audacia.

Desde principios de la década de 1950 hasta finales de la de 1960, el arzobispo Fulton Sheen dominó las emisoras. Era un hombre tan cautivador, inteligente y con tanto sentido del humor que con su simple tablero podía superar a I Love Lucy y a The Ed Sullivan Show noche tras noche.

Para entenderlo de verdad, hay que considerar la idea de que a un obispo católico se le permita enseñar, predicar, reír y bromear en la televisión convencional durante el horario nocturno de máxima audiencia. Vivimos en una época en la que eso nunca ocurriría. Infortunadamente.

Fue una genialidad. La televisión permitió que el querido Fulton Sheen se encontrara con la gente donde estaba, literal, figurada y espiritualmente... y que les inspirara a dar un paso más hacia Dios con cada encuentro.

¿Cuál era su mensaje? «¡La vida vale la pena!», proclamaba una y otra vez. En una época afectada por la confusión de la guerra y el comunismo, y la aparición de nuevas plagas de hedonismo y materialismo, él ofreció una claridad punzante en asuntos grandes y pequeños. Ayudar a millones de personas a pasar de la confusión a la claridad es una contribución extraordinaria en sí misma. Fulton Sheen enseñó de forma práctica y esperanzadora, y todos necesitamos de vez en cuando un consejo práctico que llene nuestros corazones con la esperanza que necesitamos para recorrer la siguiente milla de nuestro camino.

Fulton Sheen fue uno de los mejores comunicadores que han existido y fue literalmente el rostro del catolicismo en los Estados Unidos durante cuarenta años.

En esta hermosa colección de citas inspiradoras de la vida y la obra de Sheen, se nos ofrece una visión única del corazón, la mente y el alma de este hombre increíble. Con cada vuelta de página, es fácil ver por qué sus mensajes inspiradores y prácticos inspiraron a tantos durante su vida y siguen inspirando a tanta gente hoy en día.

La sabiduría de Fulton Sheen es una poderosa colección de escritos que te animarán a pensar de forma diferente sobre quién eres, cómo se desarrolla tu vida, a qué te llama Dios a continuación, y qué prioridades te llevarán a la paz y al propósito que deseas.

Tarde o temprano todos nos elevamos o caemos al nivel de nuestras amistades. Invita a Fulton Sheen a lo más profundo de tu vida, conviértelo en uno de tus amigos de confianza, y él elevará muchos aspectos de tu vida.

Su mensaje es oportuno y atemporal. Esto se hace evidente rápidamente al leer y reflexionar sobre las ideas que comparte con nosotros en estas páginas.

Su contribución es incalculable. Es literalmente imposible adivinar siquiera cuántas vidas de personas mejoraron gracias a que este hombre caminó por la tierra. Es igualmente imposible calcular cuántos hombres, mujeres y niños llegaron a conocer a Dios y a su Iglesia porque Fulton Sheen entregó su vida para servir a los demás. Que Dios nos regale diez personas más con su espíritu, y que nos los dé pronto.

Quisiera concluir mi reflexión sobre este gran hombre y su vida de ministerio con una lección que podemos extraer de su obra y que es de especial importancia hoy.

¿Qué hizo Fulton Sheen? Muchas cosas. ¿Qué lograron sus palabras y su vida? Muchas cosas. Pero hay una cosa que hizo que a menudo se pasa por alto. Una cosa que es fundamental para su éxito y que ha sido ignorada durante mucho tiempo. Hizo que la gente se sintiera bien por ser católica. La gente estaba orgullosa de ser católica cuando Fulton Sheen aparecía en la televisión. Tenían a alguien, a una figura nacional, a la cual podían señalar y decir: «Es nuestro hombre».

¿Qué porcentaje de católicos hoy en día cree que se sienten bien de ser católicos? ¿Se sienten orgullosos de ser católicos cuando se menciona a la Iglesia en una conversación social?

Puede parecer pequeño o incluso trivial, pero le prometo que no lo es. Es fundacional y fundamental. Puede ser la mayor lección del difunto gran Fulton Sheen para nosotros hoy.

La Iglesia Católica ha caído en tiempos muy difíciles. ¿Cómo encontraremos nuestro camino hacia adelante? ¿A dónde iremos a partir de aquí? ¿Cuál es la respuesta a nuestra situación paralizante? Todas estas son preguntas importantes y deberíamos reunir a las mejores mentes de nuestro tiempo para responderlas e idear un plan. Pero les prometo esto. Llevar a la gente a un lugar donde puedan sentirse bien por ser católicos de nuevo es indispensable si vamos a forjar un camino hacia el futuro para los católicos y la Iglesia. Denles una razón para sentirse orgullosos de volver a ser católicos, y moverán montañas.

La gente no hace nada hasta que está inspirada. Pero una vez que están inspirados, no hay casi nada que no puedan hacer. Fulton Sheen inspiró a la gente, y al hacerlo, la llenó de valor para perseguir y celebrar el potencial que Dios les ha dado de mil maneras diferentes.

Espero que él haga lo mismo contigo.

- MATTHEW KELLY

ENERO

1 DE ENERO

La razón fundamental de la soledad es que el hombre de hoy se ha divorciado tanto del amor a Dios como del amor al prójimo.

2 DE ENERO

La paciencia es poder. La paciencia no es ausencia de acción, sino que es «sentido del tiempo», es decir, esperar el momento adecuado para actuar, según los principios adecuados y de la manera adecuada.

3 DE ENERO

Las cosas rotas son preciosas. Comemos pan partido porque compartimos la profundidad de nuestro Señor y su vida rota. Las flores partidas dan perfume. El incienso quebrado se utiliza en la adoración. Un barco agrietado salvó a Pablo y a muchos otros pasajeros en su camino a Roma. A veces, la única manera en que el buen Dios puede entrar en algunos corazones es rompiéndolos.

4 DE ENERO

La crítica a los demás es, pues, una forma oblicua de autocompensación. Creemos que hacemos que el cuadro cuelgue recto en nuestra pared diciéndole a nuestro vecino que todos sus cuadros están torcidos.

5 DE ENERO

Si no te comportas como crees, acabarás creyendo tal como te comportas.

6 DE ENERO

Si no hay un Viernes Santo en tu vida, no puede haber un Domingo de Resurrección.

7 DE ENERO

Mucho mejor es que digas: «Soy un pecador», que decir: «No necesito la religión». Los vacíos pueden llenarse, pero los autointoxicados no tienen espacio para Dios.

8 DE ENERO

Debes recordar amar a las personas y usar las cosas, en lugar de amar las cosas y usar a las personas.

9 DE ENERO

Nunca olvides que solo hay dos filosofías para gobernar tu vida: la de la cruz, que empieza con el ayuno y termina con la fiesta. La otra es la de Satanás, que comienza con la fiesta y termina con el dolor de cabeza.

10 DE ENERO

La negativa a tomar partido en las grandes cuestiones morales es en sí misma una decisión. Es una aquiescencia silenciosa al mal. La Tragedia de nuestro tiempo es que los que aún creen en la honestidad carecen de fuego y convicción, mientras que los que creen en la deshonestidad están llenos de convicción apasionada.

11 DE ENERO

Una vez que te has entregado, te haces receptivo. Al recibir de Dios, te perfeccionas y completas.

12 DE ENERO

Nos convertimos en aquello que amamos. Si amamos lo que es bajo, nos volvemos bajos; pero si amamos lo que es noble, nos volvemos nobles.

13 DE ENERO

Muéstrame tus manos. ¿Tienen cicatrices de haber dado? Muéstrame tus pies. ¿Están heridos por el servicio? Muéstrame tu corazón. ¿Has dejado un lugar para el amor divino?

14 DE ENERO

Nunca ocurre nada en el mundo que no ocurra primero dentro de los corazones humanos.

15 DE ENERO

¿Por qué aquellos que son notoriamente indisciplinados e inmorales son también los que más desprecian la religión y la moral? Tratan de consolar sus vidas infelices arrastrando a los felices a sus profundidades abismales.

16 DE ENERO

La amplitud de miras, cuando significa indiferencia ante lo correcto y lo incorrecto, acaba por desembocar en el odio a lo que es correcto.

17 DE ENERO

Los celos son el tributo que la mediocridad rinde al genio.

18 DE ENERO

Si no adoras a Dios, adoras algo, y nueve de cada diez veces será a ti mismo. Tienes el deber de adorar a Dios, no porque Él sea imperfecto e infeliz si no lo haces, sino porque tú serás imperfecto e infeliz.

19 DE ENERO

El egocéntrico siempre se ve frustrado, simplemente porque la condición de la autoperfección es la autoentrega. Debe haber una voluntad de morir a la parte inferior del yo, antes de que pueda haber un nacimiento a lo más noble.

20 DE ENERO

Hay dos maneras de despertarse por la mañana. Una es decir: «Buenos días, Dios», y la otra es decir: «¡Oh buen Dios, buenos días!».

21 DE ENERO

El cristianismo, a diferencia de cualquier otra religión del mundo, comienza con la catástrofe y la derrota. Las religiones y las inspiraciones psicológicas del sol se derrumban en la calamidad y se marchitan en la adversidad. Pero la Vida del Fundador del cristianismo, habiendo comenzado con la Cruz, termina con la tumba vacía y la victoria.

22 DE ENERO

Así como todos los hombres son tocados por el amor de Dios, también todos son tocados por el deseo de Su intimidad. Nadie escapa a este anhelo; todos somos reyes en el exilio, y miserables sin el Infinito. Los que rechazan la gracia de Dios tienen el deseo de evitar a Dios, como los que la aceptan tienen el deseo de Dios.

23 DE ENERO

Valorar solo lo que se puede «vender» es profanar lo que es verdaderamente precioso. La alegría inocente de la infancia, la abnegación de una esposa, el servicio abnegado de una hija: nada de esto tiene un mercado terrenal. Reducir todo a la sucia balanza de los valores económicos es olvidar que algunos dones, como el de María, son tan preciosos que el corazón que los ofrece será alabado mientras dure el tiempo.

24 DE ENERO

El mundo odiaría a Sus seguidores, no por la maldad en sus vidas, sino precisamente por la ausencia de maldad o más bien por su bondad. La bondad no genera odio, sino que permite que el odio se manifieste. Mientras más santa y pura sea una vida, más atraerá la malignidad y el odio. Solo la mediocridad sobrevive.

25 DE ENERO

Cuanto más tienes, más te ocupas y menos das. Pero cuanto menos tienes, más libre eres. La pobreza es para nosotros una libertad. No es una mortificación ni una penitencia. Es una libertad gozosa. No hay televisión aquí, ni esto ni aquello. Pero somos perfectamente felices.

26 DE ENERO

El amor empieza en casa, y no se trata de cuánto hacemos... sino de cuánto amor ponemos en esa acción.

27 DE ENERO

El amor no puede permanecer por sí mismo: no tiene sentido. El amor tiene que ser puesto en acción, y esa acción es el servicio.

28 DE ENERO

Curiosamente, es el miedo a que la gracia los cambie y mejore lo que aleja a muchas almas de Dios. Quieren que Dios los tome tal como son y los deje permanecer así. Quieren que Él les quite el amor a las riquezas, pero no a sus riquezas; que los purgue del asco del pecado, pero no del placer del pecado.

29 DE ENERO

Siempre que el hombre intente hacer lo que sabe que es la voluntad del Maestro, recibirá un poder igual al deber.

30 DE ENERO

Porque Dios está lleno de vida, me imagino que cada mañana Dios Todopoderoso le dice al sol: «Hazlo de nuevo»; y cada atardecer a la luna y a las estrellas: «Hazlo de nuevo»; y cada primavera a las margaritas: «Hazlo de nuevo»; y cada vez que un niño nace en el mundo pide que se abra el telón, para que el corazón de Dios vuelva a sonar en el corazón del niño.

31 DE ENERO

El alma cristiana sabe que necesita la Ayuda Divina y, por eso, se dirige a Aquel que nos amó incluso cuando aún éramos pecadores. El examen de conciencia, en lugar de inducir a la morbosidad, se convierte así en ocasión de alegría. Allí hay dos maneras de saber cuán bueno y amoroso es Dios. Una es no perderlo nunca, mediante la conservación de la inocencia, y la otra es encontrarlo después de haberlo perdido. El arrepentimiento nó es una autoobservación, sino que es una observación de Dios. No es un odio a sí mismo, sino un amor a Dios. El cristianismo nos pide que nos aceptemos a nosotros mismos tal y como somos, con todos nuestros defectos, con nuestras faltas y nuestros pecados.

FEBRERO

1 DE FEBRERO

En todas las demás religiones, hay que ser bueno para llegar a Dios; en el cristianismo, no. El cristianismo podría describirse como una fiesta de «ven como eres». Nos pide que dejemos de preocuparnos por nosotros mismos, que dejemos de concentrarnos en nuestras faltas y nuestros defectos, y que los dejemos en manos del Salvador con un firme propósito de enmienda.

2 DE FEBRERO

El amor se carga con las necesidades, las penas, las pérdidas e incluso con los males de los demás.

FEBRERO 3

¿Por qué cada vez que hablamos de la tentación siempre hablamos de la tentación como algo que nos inclina al mal? Tenemos más tentaciones de ser buenos que de ser malos.

4 DE FEBRERO

El amor es la clave del misterio. El amor, por su propia naturaleza, no es egoísta, sino generoso. No busca lo propio, sino el bien de los demás. La medida del amor no es el placer que da —así lo juzga el mundo—, sino la alegría y la paz que puede brindar a los demás.

5 DE FEBRERO

El conocimiento de la cabeza no tiene ningún valor, si no va acompañado de la sumisión de la voluntad y de la acción correcta.

6 DE FEBRERO

No siempre se puede depender de que las oraciones sean respondidas de la manera que uno desea, pero siempre se puede depender de Dios. Dios, el Padre amoroso, a menudo nos niega aquellas cosas que al final nos resultarían perjudiciales. Todos los niños quieren un revólver a los cuatro años, y ningún padre ha concedido nunca esa petición. ¿Por qué habremos de pensar que Dios es menos sabio? Algún día agradeceremos a Dios no solo lo que nos ha dado, sino también lo que nos ha negado.

7 DE FEBRERO

Dos clases de personas componen el mundo: los que han encontrado a Dios, y los que lo buscan: ¡sedientos, hambrientos, buscadores! Y los grandes pecadores se acercaron más a Él que los intelectuales orgullosos. El orgullo hincha e infla el ego; los grandes pecadores están deprimidos, desinflados y vacíos. Por lo tanto, tienen espacio para Dios. Dios prefiere a un pecador amoroso que a un «santo» sin amor. El amor puede ser entrenado; el orgullo no. El hombre que cree saber rara vez encontrará la verdad; el hombre que se sabe un pecador miserable e infeliz, como la mujer del pozo, está más cerca de la paz, la alegría y la salvación de lo que cree.

8 DE FEBRERO

Nunca se debe pedir consejo sobre el bien y el mal a un hombre que no reza sus oraciones.

9 DE FEBRERO

Ninguna alma se alejó de Dios sin dejar de rezar. La oración es lo que establece el contacto con el Poder Divino y abre los recursos invisibles del cielo. Por muy oscuro que sea el camino, cuando rezamos, la tentación nunca podrá dominarnos. El primer paso hacia abajo en el alma promedio es el abandono de la práctica de la oración, la ruptura del circuito con la divinidad y la proclamación de la propia autosuficiencia.

10 DE FEBRERO

La gracia no funciona como un centavo en una máquina tragamonedas. La gracia te moverá solo cuando tú quieras que te mueva, y solo cuando te dejes mover por ella. El orden sobrenatural supone la libertad del orden natural, pero no lo destruye.

11 DE FEBRERO

Los escépticos siempre quieren milagros como bajar de la Cruz, pero nunca el milagro mayor del perdón.

12 DE FEBRERO

Las almas humildes y sencillas, que son lo suficientemente pequeñas como para ver la grandeza de Dios en la pequeñez de un Bebé, son, por tanto, las únicas que comprenderán alguna vez la razón de Su visita. Él vino a esta pobre tierra nuestra para hacer un intercambio; para decirnos, como solo el Buen Dios podía decir: «Tú me das tu humanidad, y yo te doy Mi Divinidad; tú me das tu tiempo, y yo te doy Mi eternidad; tú me das tu corazón roto, y yo te doy el Amor; tú me das tu nada, y yo te doy Mi todo».

13 DE FEBRERO

Un truco divino ha obrado en el corazón humano como si un profesor de violín diera a su alumno un instrumento al que le falta una cuerda. Dios guardó una parte del corazón del hombre en el Cielo, para que el descontento lo hiciera volver de nuevo a Aquel que es la Vida Eterna, la Verdad Omnisciente y el Éxtasis Perdurable del Amor.

14 DE FEBRERO

Así como la madre conoce las necesidades mejor que el niño, así la Santísima Virgen comprende nuestros gritos y preocupaciones y los conoce mejor que nosotros mismos.

15 DE FEBRERO

El día que el hombre olvide que el amor es idéntico al sacrificio, se preguntará cómo un Dios amoroso puede exigir mortificación y abnegación.

16 DE FEBRERO

El sol que calienta la planta puede marchitarla en otras condiciones. La lluvia que nutre la flor puede pudrirla en otras condiciones. El mismo sol que brilla sobre el barro es el que brilla sobre la cera. Endurece el barro pero ablanda la cera. La diferencia no está en el sol, sino en aquello sobre lo que brilla. La Vida Divina que brilla sobre un alma que lo ama a Él la ablanda en la vida eterna; esa misma Vida Divina que brilla sobre el alma perezosa, negligente de Dios, la endurece en la muerte eterna.

17 DE FEBRERO

La caridad debe medirse, no por lo que uno ha regalado, sino por lo que uno ha dejado.

18 DE FEBRERO

El amor es un principio vicario. Una madre sufre por y con su hijo enfermo, como un patriota sufre por su país. No es de extrañar que el Hijo del Hombre visitara esta tierra oscura, pecadora y miserable haciéndose hombre: la unidad de Cristo con los pecadores se debió a Su amor. El amor se carga a sí mismo con las necesidades, las penas y las pérdidas, e incluso con los males de los demás.

19 DE FEBRERO

Dios ha dado diferentes dones a diferentes personas. No hay una razón para sentirse inferior a otro que tenga un don diferente. Una vez que nos damos cuenta de que seremos juzgados por el don que hemos recibido, y no por el que no tenemos, nos liberamos completamente de un falso sentido de inferioridad.

20 DE FEBRERO

¿Cómo puede uno amarse a sí mismo sin ser egoísta? ¿Cómo se puede amar a los demás sin perderse a sí mismo? La respuesta es: amándose a sí mismo y al prójimo en Dios. Es Su Amor el que nos hace amar correctamente tanto a uno mismo como al prójimo.

21 DE FEBRERO

Para amar a alguien con todo el corazón, para ser realmente pacífico, para ser realmente íntegro, debes volver de nuevo a Dios para recuperar la parte que Él ha estado guardando para ti desde toda la eternidad.

22 DE FEBRERO

Repítete una y otra vez, independientemente de lo que ocurra: «¡Dios me ama!», y luego añade: «¡Y yo intentaré amarlo!».

23 DE FEBRERO

La eternidad no tiene sucesión; es una posesión simultánea de todas las alegrías. Para los que viven hacia la Eternidad, esta no es realmente algo al final; es lo que influye en cada momento del ahora.

24 DE FEBRERO

El hombre orgulloso cuenta sus recortes de periódico; el humilde, sus bendiciones.

25 DE FEBRERO

Hay que buscar la verdad a toda costa, pero no sirven las verdades aisladas. La verdad es como la vida; hay que tomarla en su totalidad o no tomarla... Debemos acoger la verdad aunque nos reproche y nos incomode, aunque aparezca en el lugar donde creíamos que no podía encontrarse.

26 DE FEBRERO

Imagina un gran círculo y en el centro del mismo unos rayos de luz que se extienden hacia la circunferencia. La luz del centro es Dios; cada uno de nosotros es un rayo. Mientras más cerca están los rayos del centro, más cerca están los rayos entre sí. Mientras más cerca estamos de Dios, más cerca estamos de nuestro prójimo; mientras más lejos estamos de Dios, más lejos estamos unos de otros. Mientras más se aleja cada rayo de su centro, más débil se vuelve; y mientras más se acerca al centro, más fuerte se vuelve.

27 DE FEBRERO

Cada instinto y pasión del hombre es amoral; es solo el abuso de estas pasiones lo que las hace malas. No hay nada malo en el hambre, pero hay algo malo en la gula; no hay pecado en la sed, pero hay pecado en la embriaguez; no hay nada malo en el hombre que busca la seguridad económica, pero hay algo malo en el hombre avaro; no hay nada que despreciar en el conocimiento, pero hay algo que condenar en el orgullo; no hay nada malo en la carne, pero hay algo malo en el abuso de la carne.

28 DE FEBRERO

Así como Adán perdió la herencia de la unión con Dios en un jardín, así ahora Nuestro Bendito Señor inició su restauración en un jardín. El Edén y Getsemaní fueron los dos jardines en torno a los cuales giró el destino de la humanidad. En el Edén, Adán pecó; en Getsemaní, Cristo tomó sobre sí el pecado de la humanidad. En el Edén, Adán se escondió de Dios; en Getsemaní, Cristo intercedió ante Su Padre; en el Edén, Dios buscó a Adán en su pecado de rebeldía; en Getsemaní, el Nuevo Adán buscó al Padre, y a Su sumisión y resignación. En el Edén, se desenvainó una espada para impedir la entrada al jardín y así inmortalizar el mal; en Getsemaní, la espada sería envainada.

29 DE FEBRERO

Los sordos que niegan estar sordos nunca oirán; los pecadores que niegan que exista el pecado niegan así el remedio del pecado, y se separan así para siempre de Aquel que vino a redimirnos.

MARZO

---

1 DE MARZO

El amante de Dios nunca conoce la palabra «demasiado». Los que acusan a otros de amar demasiado a Dios o a la religión en realidad no aman a Dios en absoluto, ni conocen el significado del amor.

2 DE MARZO

En gran medida, el mundo es lo que nosotros hacemos. Recibimos lo que damos. Si sembramos odio, cosecharemos odio; si esparcimos amor y dulzura, cosecharemos amor y felicidad. Las demás personas son como un espejo que nos devuelve el tipo de imagen que proyectamos. La persona bondadosa soporta las debilidades de los demás, nunca magnifica las nimiedades y evita el espíritu de búsqueda de culpables.

3 DE MARZO

¿Por qué hay más alegría en el Cielo para el pecador arrepentido que para el justo? Porque la actitud de Dios no es el juicio, sino el amor. En el juicio, uno no está tan alegre después de hacer el mal como antes; pero en el amor, hay alegría porque el peligro y la preocupación de perder esa alma han quedado atrás. El que está enfermo es más amado que el que sano, porque lo necesita más.

4 DE MARZO

Eres infinitamente precioso porque eres amado por Dios.

5 DE MARZO

La propia palabra misericordia deriva del latín, miserum cor, que significa corazón adolorido. La misericordia es, por tanto, una comprensión compasiva de la infelicidad del otro.

6 DE MARZO

Una persona es misericordiosa cuando siente la tristeza y la miseria de otro como si fuera la suya propia.

7 DE MARZO

El amor mismo comienza con el deseo de algo bueno.

8 DE MARZO

Así como las verdades científicas nos ponen en relación inteligente con el cosmos, así como la verdad histórica nos pone en relación temporal con el auge y caída de la civilización, así también Cristo nos pone en relación inteligente con Dios Padre; porque Él es la única Palabra posible por la que Dios puede dirigirse a un mundo de pecadores.

9 DE MARZO

Ningún hombre es bueno si no es humilde; y la humildad es el reconocimiento de la verdad sobre uno mismo. Un hombre que se cree más grande de lo que realmente es no es humilde, sino un tonto vano y jactancioso.

10 DE MARZO

En casi nueve de cada diez casos, los que alguna vez han tenido la Fe pero ahora la rechazan, o afirman que no tiene sentido, no se dejan llevar por el razonamiento, sino por su forma de vivir.

11 DE MARZO

Para los que lo rechazaron, la justicia se mostraría un día como una terrible justicia; para los hombres pecadores que lo aceptaron y se aliaron a Su vida, la justicia se mostraría como misericordia.

12 DE MARZO

Una vez que un hombre deja de ser útil a su prójimo, comienza a ser una carga para sí mismo.

13 DE MARZO

George Bernard Shaw dijo una vez: «Es una pena que la juventud se haya desperdiciado en los jóvenes». Lo cierto es lo contrario. No es ningún secreto que el Buen Dios sabía que era mejor poner las ilusiones de la vida al principio para que, a medida que nos acercáramos a la eternidad, pudiéramos ver mejor el propósito de vivir.

14 DE MARZO

Así, cuando nos medimos con Dios, nos quedamos infinitamente cortos; y cuando nos comparamos con muchos que nos han inspirado, sentimos un profundo sentimiento de indignidad. Pero detrás de todo ello, y a pesar de todo, existe la tremenda conciencia de la misericordia de Dios. No llamó a los ángeles para ser sacerdotes; llamó a los hombres. No hizo del oro el recipiente de Su tesoro; lo hizo del barro. El variopinto grupo de Apóstoles que reunió en torno a Él se hizo más digno por Su misericordia y compasión.

15 DE MARZO

Hay dos maneras de saber lo bueno que es Dios: una es no perderlo nunca, y la otra es perderlo y luego encontrarlo.

16 DE MARZO

No es tanto lo que la gente sufra lo que hace que el mundo sea misterioso; es más bien lo mucho que extrañan cuando sufren. Parecen olvidar que ya de niños ponían obstáculos en sus juegos para tener algo que superar.

17 DE MARZO

Las tentaciones de la vida provienen más a menudo de aquello para lo que uno tiene mayor aptitud.

18 DE MARZO

Aquí está la respuesta, después de todos estos años, a las misteriosas palabras del Evangelio de la Encarnación que afirmaban que Nuestra Santísima Madre puso a su «primogénito» en el pesebre. ¿Significaba eso que Nuestra Madre Santísima iba a tener otros hijos? Ciertamente sí, pero no según la carne. Nuestro Divino Señor y Salvador Jesucristo fue el único Hijo de Nuestra Santísima Madre según la carne. Pero la Virgen debía tener otros hijos, no según la carne, ¡sino según el espíritu!

19 DE MARZO

La alegría nunca llega a quien la busca. En la hora del olvido de sí mismo, cuando nos conmueve la necesidad ajena y nos sacrificamos por ella, encontramos de pronto nuestra alma inflamada de gloriosa alegría.

20 DE MARZO

Sus palabras implican incluso que la filantropía tiene una profundidad mayor de lo que generalmente se cree. Las grandes emociones de la compasión y la misericordia se remontan a Él; hay más en los actos humanos de lo que son conscientes los hacedores. Él identificó cada acto de bondad como una expresión de simpatía con Él mismo.

21 DE MARZO

Todas las bondades se hacen explícita o implícitamente en Su nombre, o se rechazan explícita o implícitamente en Su nombre.

22 DE MARZO

La verdad nunca nos atrae a menos que sea personal.

23 DE MARZO

La humildad no significa una sumisión, una pasividad, una disposición a dejarse pisotear o un deseo de vivir en la caseta del perro. La humildad es una virtud por la que nos reconocemos como somos realmente, no como nos gustaría ser a los ojos del público; no como dicen nuestros anuncios de prensa que somos, sino como somos a los ojos de Dios cuando examinamos nuestra conciencia.

24 DE MARZO

En vano buscará el mundo la igualdad hasta que no haya visto a todos los hombres con los ojos de la fe. La fe enseña que todos los hombres, por muy pobres, o ignorantes, o lisiados, por muy mutilados, feos o degradados que sean, todos llevan en sí la imagen de Dios, y han sido comprados por la preciosa sangre de Jesucristo. Cuando se olvida esta verdad, los hombres son valorados solo por lo que pueden hacer, y no por lo que son.

25 DE MARZO

Es posible amar más de lo que sabemos. Una persona sencilla y de buena fe puede sentir más amor por Dios que un teólogo y, en consecuencia, una comprensión más aguda de los caminos de Dios con el corazón que los psicólogos.

26 DE MARZO

La santidad significa separación del espíritu del mundo, con inmersión en la actividad del mundo. Los santos estarían en el mundo, no serían de él; no tendrían promotores de relaciones públicas que los publicitaran; nunca pedirían dinero; quizá la empresa que más destacaría en sus vidas sería la pobreza de espíritu.

27 DE MARZO

Solo hubo dos clases de personas que escucharon el grito de la noche de Navidad: los pastores y los reyes magos. Pastores: los que saben que no saben nada. Sabios: los que saben que no lo saben todo. Solo los muy sencillos y los muy sabios descubrieron a Dios, nunca el hombre con un libro.

28 DE MARZO

Dios puede hacer algo con aquellos que ven lo que realmente son y que conocen su necesidad de limpieza, pero no puede hacer nada con el hombre que se siente digno.

29 DE MARZO

Las alegrías diferidas compradas con sacrificio son siempre las más dulces y duraderas.

30 DE MARZO

Mientras más te guíes por el amor de Dios, más te convertirás en ti mismo y todo ello ocurrirá sin perder nunca tu libertad.

31 DE MARZO

Es la posibilidad de decir «no» lo que da tanto encanto al corazón cuando dice «sí». Solo se puede celebrar una victoria en aquellos campos en los que se puede perder una batalla. Por eso, en el orden divino de las cosas, Dios hizo un mundo en el que el hombre y la mujer se elevaran a las alturas morales, no por esa fuerza motriz ciega que hace salir el sol cada mañana, sino más bien por el ejercicio de esa libertad en la que se puede luchar el buen combate y disfrutar de la recompensa de la victoria, pues nadie será coronado si no ha luchado.

ABRIL

1 DE ABRIL

Nuestro bendito Señor tenía esperanza en la humanidad. Siempre vio a los hombres como Él los diseñó originalmente. Veía a través de la superficie, la mugre y la suciedad al verdadero hombre que había debajo. Nunca identificó a una persona con el pecado. Vio el pecado como algo ajeno y extraño que no pertenecía al hombre. El pecado había dominado al hombre, pero este podía liberarse de él para ser su verdadero yo. Así como toda madre ve su propia imagen y semejanza en el rostro de su hijo, Dios siempre vio la imagen y semejanza divina debajo de nosotros.

2 DE ABRIL

La verdadera noción es que el universo material es un signo o una indicación de lo que es Dios. Miramos la pureza del copo de nieve y vemos algo de la bondad de Dios. El mundo está lleno de poesía: es el pecado el que lo convierte en prosa.

3 DE ABRIL

Él nos busca antes de que soñemos con buscarlo; Él nos llama antes de que lo invitemos a entrar; Él nos ama antes de que le respondamos.

4 DE ABRIL

La verdad crece, pero lo hace de forma homogénea, como la bellota en el roble... La naturaleza de ciertas cosas es fija, y ninguna más que la naturaleza de la verdad. La verdad puede ser contradicha mil veces, pero eso solo demuestra que es lo suficientemente fuerte como para sobrevivir a mil asaltos.

5 DE ABRIL

Perdemos nuestra alma no solo por el mal que hacemos, sino también por el bien que dejamos de hacer.

6 DE ABRIL

Que nadie piense que puede ser totalmente indiferente a Dios en esta vida y desarrollar de repente una capacidad para Él en el momento de la muerte.

7 DE ABRIL

La base de toda decepción es la desproporción entre lo que imaginamos o deseamos para ser felices y lo que realmente poseemos.

8 DE ABRIL

Un carácter se forja por la clase de pensamientos que tiene un hombre cuando está solo, y una civilización se hace por la clase de pensamientos que un hombre le dice a su vecino.

9 DE ABRIL

La soledad puede ser muy gratificante y estar llena de bendiciones porque en el silencio del ser interior se encuentra a Dios.

10 DE ABRIL

¿Cuál es la diferencia entre el trabajo y el juego? El trabajo tiene un propósito, el juego no lo tiene, pero debe haber tiempo en la vida para las cosas sin propósito.

11 DE ABRIL

Un Cristo no sufriente que no pagara libremente la deuda de la culpa humana quedaría reducido al nivel de un guía ético.

12 DE ABRIL

Nuestro Señor Santísimo utilizó una ilustración de este misterio: «No puedes entender el soplo del viento, pero obedeces sus leyes y así aprovechas su fuerza»; así también con el Espíritu. Obedece la ley del viento, y este llenará tus velas y te llevará adelante. Obedece la ley del Espíritu y conocerás el nuevo nacimiento. No pospongas la relación con esta ley simplemente porque no puedes comprender su misterio intelectualmente».

13 DE ABRIL

Por eso, cuando Dios baje el telón sobre el drama de la redención del mundo, no nos preguntará qué papel hemos desempeñado, sino solo cómo hemos interpretado el papel que nos ha asignado.

14 DE ABRIL

Que las almas que piensan que su trabajo no tiene valor reconozcan que al cumplir sus tareas insignificantes por amor a Dios, esas tareas asumen un valor sobrenatural. Los ancianos que soportan las burlas de los jóvenes, los enfermos crucificados en sus camas, el inmigrante ignorante en la fábrica de acero, el limpiador de la calle y el recolector de basura, la encargada del vestuario en el teatro y la corista que nunca tuvo una línea, el carpintero desempleado y el recolector de cenizas, todos ellos serán entronizados por encima de los dictadores, presidentes, reyes y cardenales si un mayor amor a Dios inspira sus tareas más humildes del que inspira a quienes desempeñan papeles más nobles con menos amor.

15 DE ABRIL

Bienaventurados finalmente los pobres de espíritu intelectualmente. Bienaventurados los humildes, y los enseñables que al igual que los Pastores saben que no saben nada, o como los Reyes Magos que saben que no lo saben todo.

16 DE ABRIL

Dios no siempre libra a los buenos de la tristeza. El Padre no escatimó al Hijo, y el Hijo no escatimó a la madre.

17 DE ABRIL

Él escoge con frecuencia instrumentos débiles para que Su poder se manifieste; de lo contrario, parecería que el bien fue hecho por el barro, y no por el Espíritu.

18 DE ABRIL

Por eso nos alejamos de Dios, sabiendo que Él quiere enriquecer nuestro ser, más que nuestro tener; que desea elevar nuestra naturaleza, no sumergirla y perderla en nimiedades. Él nos ha llamado a la vocación superior de ser Sus hijos, de participar de Su naturaleza y de estar relacionados con Él como los sarmientos con la vid. Pocos de nosotros queremos completamente esa elevación; es nuestro deseo mezquino tener más, no compartir la gloria de ser más. Queremos las pobres sombras, no la luz —las chispas, y no el sol— el arco, y no el círculo.

19 DE ABRIL

A medida que aumenta en nosotros el deseo del mundo y de las cosas, Dios resulta cada vez menos atractivo. Nos contenemos, con los puños cerrados sobre nuestros pocos centavos, y así perdemos la fortuna que Él nos ofrece. Por eso es tan difícil el paso inicial de acercarnos a Dios. Nos aferramos a nuestros juguetes de guardería y perdemos la perla de gran valor.

20 DE ABRIL

La mayor inhumanidad que se puede atribuir a los hombres es tener la oportunidad de hacer el bien a los demás y no hacer nada. El pecado grave no es siempre por comisión, sino por omisión.

21 DE ABRIL

Esta es la elección que tenemos ante nosotros: o intentar revolucionar el mundo y romperlo, o revolucionarnos nosotros mismos y rehacer el mundo.

22 DE ABRIL

A todo cristiano... le llega el momento supremo en que debe elegir entre el placer temporal y la libertad eterna. Para salvar nuestras almas, a menudo debemos correr el riesgo de perder nuestros cuerpos.

23 DE ABRIL

Para pasar de la tristeza a la alegría se requiere un nacimiento, un momento de esfuerzo y trabajo, pues nadie sube a un nivel superior de la vida sin morir al inferior.

24 DE ABRIL

«Hacer la Voluntad de Dios hasta la muerte», ese es el corazón interno de toda santidad.

25 DE ABRIL

La humildad no es autodesprecio, sino la verdad sobre nosotros mismos unida a la reverencia por los demás; es la entrega de uno mismo al objetivo más elevado.

26 DE ABRIL

La ociosidad física deteriora la mente; la ociosidad espiritual deteriora el corazón.

27 DE ABRIL

Una sonrisa es el susurro de la risa y tiene sus raíces en el alma.

28 DE ABRIL

Ningún hombre odia a Dios sin odiarse primero a sí mismo.

29 DE ABRIL

Si eres realmente humilde, si te das cuenta de lo pequeño que eres y de lo mucho que necesitas a Dios, entonces no puedes fallar.

30 DE ABRIL

A menudo me preguntan: «¿Después de la Madre Teresa, quién?». Eso no será un problema. Dios encontrará a alguien más humilde, más obediente, más fiel, alguien con una fe más profunda, y Él hará cosas aún más grandes a través de ella.

MAYO

1 DE MAYO

Cuando me pongo de pie para hablar, la gente me escucha; siguen lo que tengo que decir. ¿Es un poder mío? Por supuesto que no. San Pablo dice: «¿Qué tienes que no hayas recibido? Y si lo has recibido, ¿por qué te enorgulleces como si no lo hubieras recibido?». Pero el secreto de mi poder es que nunca, en cincuenta y cinco años, he dejado de pasar una hora en presencia de Nuestro Señor en el Santísimo Sacramento. De ahí viene el poder. Es de ahí donde nacen los sermones. Es de ahí donde se concibe todo buen pensamiento.

2 DE MAYO

La oración comienza hablando con Dios, pero termina escuchándolo. Ante la Verdad Absoluta, el silencio es el lenguaje del alma.

3 DE MAYO

Cree lo increíble y podrás hacer lo imposible.

4 DE MAYO

Nuestro Señor no nos pidió que dejáramos las cosas de la tierra, sino que las cambiáramos por otras mejores.

5 DE MAYO

Las reflexiones teológicas se obtienen no solo entre dos tapas de un libro, sino entre dos rodillas dobladas ante un altar. La Hora Santa se convierte en una bombona de oxígeno para reavivar el aliento del Espíritu Santo en medio de la atmósfera viciada y fétida del mundo.

6 DE MAYO

Dios no nos ama porque seamos valiosos. Somos valiosos porque Dios nos ama.

7 DE MAYO

La alegría es la felicidad del amor, el amor consciente de su propia felicidad interior. El placer viene de afuera y la alegría viene de adentro y, por lo tanto, está al alcance de todos en el mundo...

8 DE MAYO

Un hombre sin Dios no es como un pastel sin pasas; es como una torta sin harina y sin leche; carece de los ingredientes esenciales.

9 DE MAYO

El ayuno te separa de este mundo. La oración te vuelve a unir al otro mundo.

10 DE MAYO

Nuestros momentos más felices son aquellos en los que nos olvidamos de nosotros mismos, generalmente al ser amables con otra persona. Ese minúsculo momento de abdicación es un acto de verdadera humildad: el hombre que se pierde se encuentra a sí mismo y encuentra su felicidad.

11 DE MAYO

Entonces el amor divino es amor sacrificado. Amar no significa tener y ser dueño y poseer. Significa ser tenido, adueñado y poseído. No es un círculo circunscrito por uno mismo; son los brazos extendidos para abrazar a toda la humanidad a su alcance.

12 DE MAYO

El ocio es una forma de silencio, y no la silenciosidad. Es el silencio de la contemplación tal como ocurre cuando dejamos que nuestra mente descanse sobre un capullo de rosa, un niño jugando, un misterio divino o una cascada.

13 DE MAYO

Hay tres reglas para tratar con todos aquellos que vienen a nosotros: 1. Amabilidad, 2. Amabilidad, 3. Amabilidad.

14 DE MAYO

La alegría no es lo mismo que el placer o la felicidad. Un hombre perverso y malvado puede tener placer, mientras que cualquier mortal común es capaz de ser feliz. El placer generalmente proviene de las cosas y siempre a través de los sentidos; la felicidad proviene de los humanos a través del compañerismo. La alegría proviene de amar a Dios y al prójimo. El placer es rápido y violento, como un relámpago. La alegría es constante y duradera, como una estrella fija. El placer depende de las circunstancias externas, como el dinero, la comida, los viajes, etc. La alegría es independiente de ellas, porque proviene de una buena conciencia y del amor a Dios.

15 DE MAYO

Todo hombre se regocija dos veces cuando tiene una compañía en su deleite. El que comparte lágrimas con nosotros las enjuga. Las divide en dos, y el que ríe con nosotros duplica la alegría.

16 DE MAYO

Nuestras disposiciones personales son como cristales a través de los cuales vemos el mundo rosado o aburrido. La forma en que coloreamos los lentes que usamos es como nos parece el mundo.

17 DE MAYO

La única diferencia entre un pecador y un santo se encuentra en su actitud hacia sus pecados: el primero persiste en ellos; los demás lloran amargamente.

18 DE MAYO

El cielo es una ciudad sobre una colina, por eso no podemos entrar a él; tenemos que escalar. Aquellos que son demasiado perezosos para escalar pueden perder su captura, así como el mal que se niega a buscarlo.

19 DE MAYO

Ah, ¿qué mayor seguridad hay en todo el mundo sobre la misericordia de Dios? ¡Oveja perdida, hijos pródigos, Magdalenas quebrantadas, Pedro penitente, ladrones perdonados! Tal es el rosario del perdón divino.

20 DE MAYO

El placer es del cuerpo; la alegría es de la mente y del corazón.

21 DE MAYO

Crees que la estás pasando bien, pero el tiempo es realmente el mayor obstáculo del mundo para la felicidad, no solo porque te hace disfrutar una y otra vez, sino también porque nunca eres realmente feliz hasta que no eres consciente del paso del tiempo.

22 DE MAYO

Es a Dios a quien buscas. Tu infelicidad no se debe a la falta de fortuna, o de una posición elevada, o de fama, o de suficientes vitaminas; se debe no a la falta de algo fuera de ti, sino a la falta de algo dentro de ti.

23 DE MAYO

Fuiste hecho para la felicidad perfecta. Ese es tu propósito. No es de extrañar que todo lo que no sea Dios te decepcione.

24 DE MAYO

Desafortunadamente, muchos se han enamorado tanto de los regalos que el Gran Dador de la Vida ha dejado caer en el camino de la vida que construyen sus ciudades alrededor del regalo, y se olvidan del Dador.

25 DE MAYO

Comienza por tu propio vacío y busca a Aquel que puede llenarlo.

26 DE MAYO

Debemos seguir adelante con cualquier cosa que hagamos hasta tener un segundo aire. Uno disfruta más de la escalada de una montaña después de coronar la primera montaña agotado y desanimado. Uno se interesa más por un trabajo o una obra después de haber superado el primer impulso de abandonarlo.

27 DE MAYO

El amor por el ruido y la excitación en la civilización moderna se debe en parte a que la gente es infeliz por dentro. El ruido los exterioriza, los distrae y les hace olvidar sus preocupaciones por el momento. Existe una conexión inequívoca entre una vida vacía y un ritmo agitado.

28 DE MAYO

Para progresar, el mundo debe tener acción, pero también debe saber por qué actúa, y eso requiere pensamiento, contemplación y silencio.

29 DE MAYO

No se necesita mucho tiempo para ser santo; simplemente mucho amor.

30 DE MAYO

Un espejo es silencioso y, sin embargo, refleja los bosques, los atardeceres, las flores y los rostros. Las grandes almas ascéticas, entregadas a años de meditación, han adquirido un brillo y una belleza que van más allá de los contornos de los rostros. Parecen reflejar, como el espejo en el exterior, el Cristo que llevan adentro.

31 DE MAYO

La humildad no es subestimarse, como el cantante de talento que niega saber cantar. La humildad es la verdad, es decir, vernos como somos realmente, no como creemos que somos, ni como el público cree que somos, ni como nuestra prensa nos percibe.

JUNIO

1 DE JUNIO

La siguiente es una sugerencia psicológica para sentir paz en el alma. Nunca presumas, nunca hables de ti mismo, nunca te apresures a ocupar los primeros asientos en la mesa o en el teatro, nunca te jactes ante los demás como si fueras mejor que ellos.

2 DE JUNIO

La tendencia moderna es hacia la afirmación del ego, la exaltación del egoísmo, pasando por encima de los demás para satisfacer nuestro propio egocentrismo. Ciertamente no ha producido mucha felicidad, pues mientras más se afirma el ego, más miserable se vuelve.

3 DE JUNIO

Al expandir nuestro pequeño e insignificante yo hasta el Infinito, hemos hecho que la verdadera Infinidad de Dios parezca trivial.

4 DE JUNIO

Nuestro odio hacia una persona suele disminuir a medida que aprendemos a conocerla mejor.

5 DE JUNIO

La soberbia es hija de la ignorancia, la humildad es hija del conocimiento.

6 DE JUNIO

Las personas orgullosas se creen mejores de lo que son, y cuando son criticadas siempre creen que su vecino está celoso o les guarda rencor. Los humildes se conocen a sí mismos como realmente son, pues se juzgan a sí mismos como juzgan al tiempo, por una norma ajena a ellos, es decir, según Dios y su Ley Moral.

7 DE JUNIO

Las personas humildes no son exigentes con las cosas a las que no tienen un derecho indudable; siempre están dispuestas a pasar por alto las faltas de los demás, sabiendo que ellas mismas tienen muchas.

8 DE JUNIO

El deseo es para el alma lo que la gravitación es para la materia. Cuando conocemos nuestros deseos, sabemos la dirección que toma nuestra alma. Si el deseo es celestial, vamos hacia arriba. Si es totalmente terrenal, vamos hacia abajo. El deseo es como la materia prima con la que se forman las virtudes o los vicios.

9 DE JUNIO

A menos que pongamos a Dios entre nosotros y nuestra vida anterior, no podemos esperar hacer un verdadero progreso espiritual.

10 DE JUNIO

Si giramos en torno a lo que ocurre en el exterior, esto determina nuestro estado de ánimo y nuestras actitudes. Pero si hacemos que lo externo gire en torno a nosotros, podemos determinar la cantidad de su influencia. O bien lo que está afuera genera nuestros estados de ánimo, o bien nuestros estados de ánimo determinan la visión de lo que está afuera de nosotros.

11 DE JUNIO

Nuestro humor y disposición no son tanto el reflejo del clima o del lado equivocado de la cama, como del estado de nuestra alma.

12 DE JUNIO

Ten en cuenta que una conciencia feliz constituye una perspectiva feliz de la vida, y una conciencia infeliz nos hace miserables por dentro y a todos los demás por fuera.

13 DE JUNIO

Cuando nuestra conciencia nos molesta, lo admitamos o no, a menudo tratamos de justificarla corrigiendo a los demás, o encontrando faltas en ellos.

14 DE JUNIO

La alegría es alegrarse del progreso de los demás. Esta es una de las virtudes más raras y la última que se gana. Con demasiada frecuencia se considera que el progreso de los demás es robado a uno mismo.

15 DE JUNIO

Los que se disciplinan y doman el ego con pequeños actos de abnegación ya se han preparado para enfrentarse a las cruces del exterior; se han familiarizado con ellas, y el choque es menor cuando se las echan sobre sus hombros.

16 DE JUNIO

Solo podemos hacer dos cosas con las cruces: cargarlas o darles una patada. Podemos fundirlas en el plan de Dios para la vida y hacer que sirvan a nuestra paz y felicidad interiores, o podemos tropezar con ellas hasta la cañada del llanto.

17 DE JUNIO

Exigir amor es perder el amor. Un corazón egoísta crea su propio vacío.

18 DE JUNIO

La verdad no es algo que inventemos; si lo hacemos, es una mentira; más bien, la verdad es algo que descubrimos, así como el amor.

19 DE JUNIO

Hay muchos que se excusan diciendo que si estuvieran en otras circunstancias serían mucho más pacientes. Esto es un grave error, pues supone que la virtud es una cuestión de geografía, y no de esfuerzo moral.

20 DE JUNIO

Lo que nos ocurre no es tan importante, sino cómo reaccionamos ante lo que nos ocurre.

21 DE JUNIO

La paciencia es el gran remedio contra el pánico. Ser capaz de usar la razón y el buen juicio cuando todos los demás se van al garete no solo lo salva a uno mismo, sino también al prójimo.

22 DE JUNIO

Uno de los mayores errores es pensar que la satisfacción proviene de algo externo a nosotros y no de una cualidad del alma.

23 DE JUNIO

El contentamiento, por lo tanto, proviene en parte de la fe, es decir, de conocer el propósito de la vida y tener la seguridad de que, sean cuales sean los caminos, vienen de la mano de un Padre amoroso.

24 DE JUNIO

Para estar contento, hay que tener también una buena conciencia. Si el ser interior es infeliz debido a los fracasos morales y a las culpas no expiadas, entonces nada de lo externo puede dar descanso al espíritu.

25 DE JUNIO

Un hombre contento nunca es [realmente] pobre aunque tenga muy, muy poco.

26 DE JUNIO

La alegría es la experiencia deliciosa de las sensaciones de placer por un bien adquirido y realmente disfrutado, o la perspectiva de un bien que tenemos la esperanza razonable de obtener.

27 DE JUNIO

La alegría espiritual es una serenidad de ánimo en medio de los cambios de la vida, como la que tiene una montaña cuando se desata una tormenta sobre ella.

28 DE JUNIO

Ningún hombre puede ser feliz por fuera si ya es infeliz por dentro. Si el sentimiento de culpa pesa sobre el alma, ningún placer exterior puede compensar la pérdida de alegría interior.

29 DE JUNIO

Si la alegría es infrecuente hoy, es porque hay almas tímidas que no tienen el valor de olvidarse de sí mismas y de hacer sacrificios por el prójimo.

30 DE JUNIO

El hambre no es solo un problema económico. Es un problema moral y espiritual.

JULIO

---

1 DE JULIO

La razón por la que la mayoría de nosotros somos lo que somos —cristianos mediocres, «arriba» un día, «abajo» al siguiente— es simplemente porque nos negamos a dejar que Dios obre en nosotros.

2 DE JULIO

Siempre cometemos el error fatal de pensar que lo que importa es lo que hacemos, cuando en realidad lo que importa es lo que dejamos que Dios haga con nosotros. La contemplación no debe ser vivida como una forma de ensimismamiento; debes expandir tu corazón para abrazar a toda la humanidad, especialmente a los que sufren.

3 DE JULIO

Dios te amará, por supuesto, aunque tú no lo ames, pero recuerda que si le das solo la mitad de tu corazón, solo podrá hacerte feliz al cincuenta por ciento.

4 DE JULIO

Solo tienes libertad para dar [tu corazón]. ¿A quién le das el tuyo? Se lo das a los estados de ánimo, a la hora, a tu egoísmo, a las criaturas o a Dios.

5 DE JULIO

La verdadera prueba de un cristiano no es cuánto ama a sus amigos, sino cuánto ama a sus enemigos.

6 DE JULIO

Ningún hombre descubre nada grande si no se hace pequeño.

7 DE JULIO

El Señor nos escucha más fácilmente de lo que sospechamos; lo que hay que mejorar es nuestra escucha de Dios.

8 DE JULIO

La esencia de la oración no es el esfuerzo por hacer que Dios nos dé algo. La oración, por tanto, no es solo informar a Dios de nuestras necesidades, pues Dios ya las conoce. Más bien, el propósito de la oración es dar a Dios la oportunidad de conceder los dones que nos dará cuando estemos preparados para aceptarlos.

9 DE JULIO

El que solo piensa en sí mismo dice solo oraciones de petición; el que piensa en el prójimo dice oraciones de intercesión; quien solo piensa en amar y servir a Dios dice oraciones de entrega a la voluntad de Dios, y esta es la oración de los santos.

10 DE JULIO

Nunca es cierto decir que no tenemos tiempo para meditar; cuanto menos se piense en Dios, menos tiempo habrá siempre para Dios. El tiempo que tenemos para cualquier cosa depende de cuánto lo valoremos.

11 DE JULIO

Porque Él nació en una cueva, todos los que quieran verlo deben agacharse, deben inclinarse; la inclinación es la marca de la humildad. Los orgullosos se niegan a inclinarse. Por eso se pierden la divinidad. Sin embargo, aquellos que están dispuestos a arriesgarse a doblar sus egos para entrar a esa cueva descubren que no están en una cueva en absoluto, sino que están en un universo donde se sienta un bebé en el regazo de su madre, el bebé que hizo el mundo.

12 DE JULIO

Dios entra a tu alma con paso silencioso. Dios viene a ti más de lo que tú vas a Él. Nunca será Su venida lo que esperas, y sin embargo Él nunca te decepcionará. Mientras más respondas a Su suave presión, mayor será tu libertad.

13 DE JULIO

A la mayoría de nosotros no nos gusta mirar dentro de nosotros mismos por la misma razón que no nos gusta abrir una carta que tiene malas noticias.

14 DE JULIO

Muchas almas no encuentran a Dios porque quieren una religión que rehaga la sociedad sin rehacerse a sí mismas.

15 DE JULIO

Ayuda a alguien en apuros y aligera tu propia carga; la propia alegría de aliviar el dolor de otro es la disminución del propio.

16 DE JULIO

La mayoría comete el mismo error con Dios que con sus amigos: ellos son los que hablan.

17 DE JULIO

Antes del pecado, Satanás nos asegura que no tiene consecuencias; después del pecado, nos persuade de que es imperdonable.

18 DE JULIO

Nada está más destinado a crear ansiedades profundas en las personas que la falsa suposición de que la vida debe estar libre de ansiedad.

19 DE JULIO

Es fácil encontrar la verdad, aunque es difícil enfrentarla, y más difícil aún seguirla.

20 DE JULIO

Puedes cansarte rápidamente de los placeres, pero nunca puedes cansarte de las alegrías.

21 DE JULIO

Quieres la vida perfecta, la verdad perfecta y el amor perfecto. Nada que no sea el Infinito te satisface, y pedirte que te satisfagas con menos sería destruir tu naturaleza... ¿Por qué quieres la Vida, la Verdad y el Amor si no estás hecho para ellos? ¿Cómo podrías disfrutar de las fracciones si no hubiera un todo?

22 DE JULIO

El placer se disfruta mejor cuando nos llega como un «regalo», en contraste con las experiencias que son menos placenteras. Cometemos un gran error si intentamos que todas nuestras noches sean de fiesta. Nadie disfrutaría de Acción de Gracias si todas las comidas fueran una cena de pavo. El evento de Año Nuevo no nos deleitaría si los silbatos sonaran a medianoche todas las noches.

23 DE JULIO

La autodisciplina nos devuelve la emoción de nuestra infancia, cuando nuestros placeres eran racionados, cuando nos daban el postre al final de la comida y nunca al principio.

24 DE JULIO

Debemos salir del mundo para ayudar al mundo. Se vive mejor aquella vida que de vez en cuando se retira de la escena de la acción a la contemplación, donde se aprende la terrible derrota e inutilidad que conlleva la excesiva absorción en los detalles y la acción.

25 DE JULIO

En el silencio, hay humildad de espíritu o lo que podría llamarse «pasividad sabia». En ella, el oído es más importante que la lengua. Dios habla, pero no en los ciclones, sino en los céfiros y las brisas suaves.

26 DE JULIO

Solo en la verdadera soledad nace la verdadera espiritualidad, cuando el alma está desnuda ante su Dios.

27 DE JULIO

Aunque la verdad no es personal, la hacemos personal mediante la contemplación.

28 DE JULIO

No podemos obtener una verdadera satisfacción de nuestro trabajo a menos que nos detengamos, frecuentemente, para preguntarnos por qué lo estamos haciendo, y si su propósito es uno (del que) nuestras mentes aprueban de todo corazón.

29 DE JULIO

Si dirigimos nuestro trabajo hacia Dios, trabajaremos mejor de lo que sabemos.

30 DE JULIO

Los humildes no se dejan abatir por las censuras o los desprecios de los demás. Si inconscientemente han dado ocasión para ello, enmiendan sus faltas; si no las merecen, las tratan como nimiedades.

31 DE JULIO

«Al encontrar a otros que aparentemente son más malos que nosotros, creemos falsamente que somos de alguna manera mejores «que el resto de los hombres» (Lucas 18:11). Antes, las biografías más populares eran historias sobre la vida de hombres y mujeres buenos, dignas de nuestra imitación, en lugar de contar escándalos para hacernos creer que somos más virtuosos de lo que realmente somos.

AGOSTO

1 DE AGOSTO

Antes de emprender una tarea grande o pequeña, antes de tomar decisiones, antes de iniciar un viaje, los humildes reconocerán su dependencia de Dios e invocarán Su guía y Su bendición en todas sus empresas.

2 DE AGOSTO

Hay un mundo de diferencia entre someterse a la Voluntad Divina desde la hosquedad y someterse a ella sabiendo que Dios es la Sabiduría Suprema, y que algún día sabremos que todo lo que ocurrió fue para bien.

3 DE AGOSTO

Hay una paz maravillosa que llega al alma si todas las pruebas y desilusiones, penas y dolores son aceptados, ya sea como un castigo merecido por nuestros pecados, o como una disciplina saludable que nos llevará a una mayor virtud.

4 DE AGOSTO

El contentamiento no es inconsistente con nuestro esfuerzo por mejorar nuestra condición. Hacemos todo lo que podemos, como si todo dependiera de nosotros, pero confiamos en Dios como si todo dependiera de Él.

5 DE AGOSTO

No sirve de nada culpar al palo de golf si nuestro juego es defectuoso, o al cántaro porque derramamos la leche; la culpa debe ser vista como propia en pequeños percances de este tipo, y también en nuestros estados de ánimo. El descubrimiento de que somos culpables por ser como somos es mayor que el descubrimiento hecho por un explorador; tal descubrimiento de nuestra propia culpa es imposible a menos que haya un estándar más alto fuera de nosotros mismos, de cuyo amor sabemos que hemos caído.

6 DE AGOSTO

Comenzamos a actuar de forma diferente cuando reconocemos la inmensidad de nuestras posibilidades.

7 DE AGOSTO

El nuevo ateísmo no es del intelecto, sino de la voluntad; es un acto de rechazo libre y ansioso de la moral y sus exigencias. Comienza con la afirmación del yo y la negación de la ley moral.

8 DE AGOSTO

El mundo moderno, que niega la culpa personal, que no tiene lugar para el arrepentimiento personal, sino solo para las reformas públicas, ha divorciado a Cristo de Su Cruz; el Esposo y la Esposa han sido separados. Lo que Dios ha unido, los hombres lo han separado.

9 DE AGOSTO

Odiamos a los demás, y lo llamamos «celo»; adulamos a los demás por lo que pueden hacer por nosotros, y lo llamamos «amor»; les mentimos, y lo llamamos «tacto».

10 DE AGOSTO

¿Quién va a salvar nuestra Iglesia? No nuestros obispos, no nuestros sacerdotes y religiosos. Depende de ustedes, el pueblo. Ustedes tienen las mentes, los ojos y los oídos para salvar a la Iglesia. Su misión es hacer que sus sacerdotes actúen como sacerdotes, sus obispos como obispos y sus religiosos como religiosos.

11 DE AGOSTO

No hay cien personas en los Estados Unidos que odien a la Iglesia Católica, pero hay millones que odian lo que perciben erróneamente que es la Iglesia Católica.

12 DE AGOSTO

Los libros son los amigos más maravillosos del mundo. Cuando los conoces y los coges, siempre están dispuestos a darte unas cuantas ideas. Cuando los dejas, nunca se enojan; cuando los retomas, parecen enriquecerte aún más.

13 DE AGOSTO

Demasiadas personas reciben el mérito de ser buenas, cuando solo están siendo pasivas. Con demasiada frecuencia se les elogia por ser amplios de miras, cuando son tan amplios de miras que nunca pueden decidirse por nada.

14 DE AGOSTO

Un maestro que no puede explicar cualquier tema abstracto a un niño es porque no entiende a fondo su tema; si no intenta desglosar sus conocimientos para adaptarlos a la mente del niño, no entiende la enseñanza.

15 DE AGOSTO

Se dice que Estados Unidos sufre de intolerancia, pero no es así. Sufre de tolerancia. Tolerancia al bien y al mal, a la verdad y al error, a la virtud y al mal, a Cristo y al caos. Nuestro país no está tan invadido de intolerantes como de personas de mente abierta.

16 DE AGOSTO

Un hombre puede representar la justicia de Dios, pero una mujer representa Su misericordia.

17 DE AGOSTO

En última instancia, solo hay dos ajustes posibles en la vida: uno es adaptar nuestra vida a los principios; el otro es adaptar los principios a nuestra vida. Si no vivimos como pensamos, pronto empezaremos a pensar como vivimos. El método de ajustar los principios morales a la forma de vivir de los hombres es solo una perversión del orden de las cosas.

18 DE AGOSTO

La tolerancia es una actitud de paciencia razonada hacia el mal... una tolerancia que nos impide mostrar ira o infligir un castigo. La tolerancia solo se aplica a las personas, nunca a la verdad. La tolerancia se aplica al error, la intolerancia al error... Los arquitectos son tan intolerantes con la arena como fundamento de los rascacielos como los médicos lo son con los gérmenes en el laboratorio. La tolerancia no se aplica a la verdad ni a los principios. Sobre estas cosas debemos ser intolerantes, y por este tipo de intolerancia, tan necesaria para despertarnos de la euforia sentimental, hago un llamamiento. Este tipo de intolerancia es la base de toda estabilidad.

19 DE AGOSTO

Dios es un fuego consumidor; nuestro deseo de Dios debe incluir la voluntad de que se queme la paja de nuestro intelecto y se purgue la cizaña de nuestra voluntad pecaminosa. El mismo miedo que tienen las almas a entregarse al Señor con una cruz es una evidencia de su creencia instintiva en Su Santidad. Porque Dios es fuego, no podemos escapar de Él, tanto si nos acercamos para convertirnos como si huimos por aversión: en cualquiera de los dos casos, Él nos afecta. Si aceptamos Su amor, sus fuegos nos iluminarán y calentarán; si lo rechazamos, seguirán ardiendo en nosotros en frustración y remordimiento.

20 DE AGOSTO

Cada uno de nosotros hace su propio tiempo, determina el color de los cielos en el universo emocional que habita.

21 DE AGOSTO

Los principios morales no dependen de una mayoría de votos. Lo malo es malo, aunque todo el mundo esté equivocado. Lo correcto es lo correcto, aunque nadie tenga razón.

22 DE AGOSTO

Todos nacemos con el poder de la palabra, pero necesitamos la gramática. La conciencia también necesita la Revelación.

23 DE AGOSTO

El mal en el mundo no debe hacerme dudar de la existencia de Dios. No podría haber maldad si no existiera Dios. Antes de que haya un agujero en un uniforme, tiene que haber un uniforme; antes de que haya muerte, tiene que haber vida; antes de que haya error, tiene que haber verdad; antes de que haya crimen, tiene que haber libertad y ley; antes de que haya guerra, tiene que haber paz; antes de que haya diablo, tiene que haber un Dios, la rebelión contra el cual hizo al diablo.

24 DE AGOSTO

¿Por qué Nuestro Señor Santísimo utilizó el pan y el vino como elementos de este Memorial? En primer lugar, porque no hay dos sustancias en la naturaleza que simbolicen mejor la unidad que el pan y el vino. Como el pan está hecho de una multiplicidad de granos de trigo, y el vino está hecho de una multiplicidad de uvas, así los muchos que creen son uno en Cristo. En segundo lugar, no hay dos sustancias en la naturaleza que tengan que sufrir más para llegar a ser lo que son que el pan y el vino. El trigo tiene que pasar por los rigores del invierno, ser molido bajo el calvario de un molino, y luego ser sometido al fuego purificador antes de poder convertirse en pan. Las uvas, a su vez, deben ser sometidas al Getsemaní de un lagar y se les arranca la vida para convertirse en vino. Así, simbolizan la Pasión y los Sufrimientos de Cristo, y la condición de la Salvación, pues Nuestro Señor dijo que si no morimos a nosotros mismos no podemos vivir en Él.

25 DE AGOSTO

Mientras más se acerca Cristo a un corazón, más se hace consciente de su culpabilidad; entonces, o bien pedirá Su misericordia y encontrará la paz, o bien se volverá contra Él porque todavía no está dispuesto a renunciar a su pecaminosidad. Así separará a los buenos de los malos, y al trigo de la paja. La reacción del hombre ante esta Presencia Divina será la prueba: o bien llamará a toda la oposición de las naturalezas egoístas, o bien las galvanizará en una regeneración y una resurrección.

26 DE AGOSTO

Los que se creen sanos pero tienen un cáncer moral oculto son incurables; los enfermos que quieren curarse tienen una oportunidad. Toda negación de la culpa mantiene a las personas fuera del área del amor y, al inducir la autojustificación, impide la sanación. Los dos hechos de la sanación en el orden físico son estos: un médico no puede curarnos a menos que nos pongamos en sus manos, y no nos pondremos en sus manos a menos que sepamos que estamos enfermos. Del mismo modo, la conciencia de pecado de un pecador es un requisito para su recuperación; el otro es su anhelo de Dios. Cuando anhelamos a Dios, no lo hacemos como pecadores, sino como amantes.

27 DE AGOSTO

Los mundanos están dispuestos a dejar que cualquiera crea en Dios si le place, pero solo a condición de que creer en Dios no signifique más que creer en cualquier otra cosa. Permitirán a Dios, siempre que Dios no importe. Pero tomar a Dios en serio es precisamente lo que hace al santo.

28 DE AGOSTO

Las guerras provienen del egoísmo y el egocentrismo. Todas las guerras macrocósmicas o mundiales tienen su origen en guerras microcósmicas que tienen lugar dentro de millones y millones de individuos.

29 DE AGOSTO

«Pero no había sitio en la posada»; la posada es el lugar de reunión de la opinión pública; tan a menudo la opinión pública cierra sus puertas al Rey.

30 DE AGOSTO

Un moribundo le pidió a otro la vida eterna; un hombre sin posesiones le pidió a un pobre un Reino; un ladrón a las puertas de la muerte pidió morir como un ladrón y robar el Paraíso. Uno habría pensado que un santo habría sido la primera alma comprada sobre el mostrador del Calvario por las monedas rojas de la Redención, pero en el plan divino fue un ladrón quien sirvió como escolta del Rey de reyes al Paraíso. Si Nuestro Señor hubiera venido simplemente como maestro, el ladrón nunca habría pedido perdón. Pero como la petición del ladrón tocaba el motivo de Su venida a la tierra, es decir, salvar almas, el ladrón escuchó la respuesta inmediata.

31 DE AGOSTO

Fue la última oración del ladrón, quizá incluso la primera. Llamó una vez, buscó una vez, pidió una vez, se atrevió a todo y lo encontró todo. Cuando incluso los discípulos dudaban y solo uno estaba presente en la Cruz, el ladrón lo reconoció como Salvador.

SEPTIEMBRE

1 DE SEPTIEMBRE

Dado que la causa básica de la ansiedad del hombre es la posibilidad de ser santo o pecador, se deduce que solo hay dos alternativas para él. El hombre puede ascender hasta la cima de la eternidad o retroceder hasta los abismos de la desesperación y la frustración. Sin embargo, hay muchos que piensan que existe otra alternativa, a saber, la de la indiferencia. Piensan que, al igual que los osos hibernan durante una estación en un estado de animación suspendida, ellos también pueden dormir durante toda la vida sin elegir vivir para Dios o contra Él. Pero la hibernación no es una escapatoria; el invierno termina, y entonces uno se ve obligado a tomar una decisión; de hecho, la propia elección de la indiferencia es en sí misma una decisión. Las cercas blancas no permanecen blancas porque no se les haga nada; pronto se convierten en cercas negras.

2 DE SEPTIEMBRE

Un hombre que ha ingerido veneno en su organismo puede ignorar el antídoto, o puede tirarlo por la ventana; da igual lo que haga, porque la muerte ya está en marcha. Por el mero hecho de no avanzar, retrocedemos. No hay llanuras en la vida espiritual, o vamos cuesta arriba o bajamos.

3 DE SEPTIEMBRE

Los impíos temen a los buenos, porque los buenos son un reproche constante para sus conciencias. A los impíos les gusta la religión del mismo modo que les gustan los leones, muertos o entre rejas; temen la religión cuando se desprende y empieza a desafiar sus conciencias.

4 DE SEPTIEMBRE

¿Por qué estás decepcionado? Por la tremenda desproporción entre tus deseos y tus realizaciones. Tu alma tiene una cierta infinitud, porque es espiritual. Pero tu cuerpo, al igual que el mundo que te rodea, es material, limitado, «encajonado, coartado, confinado».

5 DE SEPTIEMBRE

En los momentos en que la fiebre, la agonía y el dolor dificultan la oración, la sugestión de oración que produce el mero hecho de sostener el rosario —o, mejor aún, de acariciar el Crucifijo al final del mismo— es tremenda.

6 DE SEPTIEMBRE

El hecho que los enemigos de Dios deben enfrentar es que la civilización moderna ha conquistado el mundo, pero al hacerlo ha perdido su alma. Y al perder su alma perderá el mismo mundo que ganó... Y a medida que la religión se desvanece, también lo hará la libertad, porque solo donde está el Espíritu de Dios, hay libertad.

7 DE SEPTIEMBRE

El amor a uno mismo sin el amor a Dios es egoísmo; el amor al prójimo sin el amor a Dios abarca solo a los que nos son agradables, no a los que son odiosos.

8 DE SEPTIEMBRE

La conversión también puede producirse entre los que ya tienen la fe. Los cristianos se convertirán en verdaderos cristianos, con menos fachada y más fundamento. La catástrofe los separará del mundo, los obligará a declarar sus lealtades básicas; reavivará a los pastores que pastorean en lugar de administrar, invertirá la proporción de santos y eruditos a favor de los santos, creará más segadores para la mies, más columnas de fuego para los tibios; hará ver a los ricos que la verdadera riqueza está al servicio de los necesitados; y, sobre todo, hará brillar la gloria de la Cruz de Cristo en un amor de los hermanos entre sí como hijos verdaderos y leales de Dios.

9 DE SEPTIEMBRE

El amor a Dios se convierte así en la pasión dominante de la vida; como cualquier otro amor que valga la pena, exige e inspira el sacrificio. Pero el amor a Dios y al hombre, como ideal, ha sido sustituido últimamente por el nuevo ideal de la tolerancia, que no inspira ningún sacrificio. ¿Por qué habría de tolerarse a cualquier ser humano en el mundo? ¿Qué hombre ha hecho alguna vez un sacrificio en nombre de la tolerancia? En cambio, lleva a los hombres a expresar su propio egoísmo en un libro o en una conferencia que condesciende con el grupo oprimido. Una de las cosas más crueles que le puede ocurrir a un ser humano es ser tolerado. Nuestro Señor nunca dijo: «Tolera a tus enemigos». Pero sí dijo: «Ama a tus enemigos; haz el bien a los que te odian» (Mateo 5:44). Ese amor solo puede lograrse si frenamos deliberadamente las animosidades de nuestra naturaleza caída.

10 DE SEPTIEMBRE

Si usamos nuestras vidas para otros propósitos que los otorgados por Dios, no solo perdemos la felicidad, sino que en realidad nos dañamos a nosotros mismos y engendramos en nosotros «inconvenientes» extraños.

11 DE SEPTIEMBRE

No es fácil explicar por qué Dios permite el mal; pero es imposible para un ateo explicar la existencia de la bondad. ¿Cómo puede un universo sin espíritu, sin alma, sin cruz, sin Dios, convertirse en el centro de la fe, la pureza, el sacrificio y el martirio? ¿Cómo puede ser la decencia lo más decente si no hay Dios? Puesto que Dios es amor, ¿por qué habría de sorprendernos que su carencia acabe en dolor, odio, corazones rotos y guerra?

12 DE SEPTIEMBRE

La santidad debe tener un fundamento filosófico y teológico, es decir, la verdad divina; de lo contrario, es sentimentalismo y emotividad. Muchos dirían después: «Queremos religión, pero sin credos». Esto es como decir que queremos sanación, pero sin ciencia de la medicina; música, pero sin reglas de la música; historia, pero sin documentos. La religión es, en efecto, una vida, pero surge de la verdad, no se aleja de ella. Se ha dicho que da igual aquello que se crea, todo depende de cómo se actúe. Esto es una tontería psicológica, ya que un hombre actúa a partir de sus creencias. Nuestro Señor puso primero la verdad o la creencia en Él; luego vinieron la santificación y las buenas acciones. Pero aquí la verdad no era un ideal vago, sino una Persona. La verdad era ahora amable, porque solo una Persona es amable. La santidad se convierte en la respuesta que el corazón da a la verdad Divina y a su misericordia ilimitada con la humanidad.

13 DE SEPTIEMBRE

El alma no se puede ver en un laboratorio biológico, como tampoco se puede ver el dolor en una mesa de operaciones.

14 DE SEPTIEMBRE

Los profetas modernos dicen que nuestra economía nos ha fallado. No. No es nuestra economía la que ha fallado; es el hombre el que ha fallado, el hombre que ha olvidado a Dios. Por lo tanto, ningún tipo de reajuste económico o político puede salvar nuestra civilización; solo podemos ser salvados por una renovación del hombre interior, solo por una purificación de nuestros corazones y almas; porque solo buscando primero el Reino de Dios y su Justicia se nos añadirán todas estas otras cosas.

15 DE SEPTIEMBRE

Cuanto más amaba a aquellos por los que era el rescate, más aumentaba su angustia, ¡ya que son las faltas de los amigos, más que las de los enemigos, las que más perturban los corazones!

16 DE SEPTIEMBRE

La aceptación de la filosofía que niega la culpa personal o el pecado y que, por tanto, convierte a todo el mundo en simpático puede tener efectos muy perjudiciales. Al negar el pecado, la gente amable hace imposible la sanación. El pecado es gravísimo, y la tragedia se agrava al negar que somos pecadores... El pecado realmente imperdonable es la negación del pecado, porque, por su naturaleza, ya no hay nada que perdonar. Al negarse a admitir la culpa personal, las personas agradables se convierten en escandalosos, chismosos, correveidiles y supercríticos, ya que deben proyectar su culpa real, aunque no reconocida, a los demás. Esto, de nuevo, les da una nueva ilusión de bondad: el aumento de la búsqueda de culpables está en relación y proporción directa con la negación del pecado.

17 DE SEPTIEMBRE

Las almas infelices casi siempre culpan de sus miserias a todos menos a ellas mismas. Encerradas en sí mismas, se cierran necesariamente a todos los demás, salvo para criticarlos. Puesto que la esencia del pecado es la oposición a la voluntad de Dios, se deduce que el pecado de un individuo está destinado a oponerse a cualquier otro individuo cuya voluntad esté en armonía con la voluntad de Dios. Este distanciamiento resultante del prójimo se intensifica cuando se empieza a vivir únicamente para este mundo, entonces las posesiones del prójimo se consideran como algo injustamente tomado de uno mismo. Una vez que lo material se convierte en el objetivo de la vida, nace una sociedad de conflictos.

18 DE SEPTIEMBRE

Él vino a poner a una ramera por encima de un fariseo, a un ladrón arrepentido por encima de un Sumo Sacerdote, y a un hijo pródigo por encima de su hermano ejemplar. A todos los farsantes y embaucadores que decían que no podían entrar a la Iglesia porque su Iglesia no era lo suficientemente santa, Él les preguntaba: «¿Cómo de santa tiene que ser la Iglesia para que entren a ella?». Si la Iglesia fuera tan santa como ellos querían que fuera, ¡nunca se les permitiría entrar a ella! En todas las demás religiones bajo el sol, en todas las religiones orientales, desde el budismo hasta el confucionismo, siempre debe haber alguna purificación antes de poder entrar en comunión con Dios. Pero Nuestro Bendito Señor trajo una religión en la que la admisión del pecado es la condición para llegar a Él. Los que están bien no tienen necesidad de un médico, sino los que están enfermos.

19 DE SEPTIEMBRE

Los buenos se arrepienten al conocer su pecado; los malos se enojan al ser descubiertos.

20 DE SEPTIEMBRE

Si es terrible caer en las manos del Dios vivo, más terrible es caer de ellas.

21 DE SEPTIEMBRE

No bastaba con que el Hijo de Dios bajara de los cielos y se presentara como Hijo del Hombre, pues entonces solo habría sido un gran maestro y un gran ejemplo, pero no un Redentor. Era más importante que cumpliera el propósito de la venida, redimir al hombre del pecado mientras estaba en la semejanza de la carne humana. Los maestros cambian a los hombres con sus vidas; nuestro Bendito Señor cambiaría a los hombres con su muerte. El veneno del odio, de la sensualidad y de la envidia que hay en el corazón de los hombres no podría curarse simplemente con sabias exhortaciones y reformas sociales. La paga del pecado es la muerte y, por tanto, el pecado sería expiado con la muerte.

22 DE SEPTIEMBRE

Si es cierto que el mundo ha perdido el respeto por la autoridad, es solo porque lo perdió primero en el hogar. Por una peculiar paradoja, a medida que el hogar pierde su autoridad, la autoridad del Estado se vuelve tiránica.

23 DE SEPTIEMBRE

El mal es, pues, una especie de parásito de la bondad. Si no existiera el bien para medir las cosas, el mal no podría existir. Los hombres a veces olvidan esto y dicen que hay tanto mal en el mundo que no puede haber un Dios. Olvidan que, si no hubiera Dios, no tendrían forma de distinguir el mal de la bondad. El propio concepto de maldad admite y reconoce una Norma, un Conjunto, una Regla, un Orden. Nadie diría que su automóvil está fuera de servicio si no tiene una concepción de cómo debe funcionar un automóvil.

24 DE SEPTIEMBRE

Esta figura en la Cruz no es un agente de la MVD o un inquisidor de la Gestapo, sino un Médico Divino, que solo pide que le llevemos nuestras heridas para que Él las cure. Si nuestros pecados son como la escarlata, quedarán blancos como la nieve, y si son rojos como el carmesí, quedarán blancos como la lana.

25 DE SEPTIEMBRE

La melodía de su vida se interpreta tal como fue escrita. María fue pensada, concebida y proyectada como el signo igual entre el ideal y la historia, el pensamiento y la realidad, la esperanza y la realización.

26 DE SEPTIEMBRE

La conciencia, Cristo y el don de la fe inquietan a los hombres malos en su pecado. Sienten que si pudieran expulsar a Cristo de la tierra, estarían libres de «inhibiciones morales». Olvidan que es su propia naturaleza y conciencia la que los hace sentir así. Al no poder expulsar a Dios de los cielos, expulsarían a sus embajadores de la tierra. En una esfera menor, por eso muchos hombres se burlan de la virtud: porque incomoda al vicio.

27 DE SEPTIEMBRE

Amar lo que está por debajo de lo humano es degradación; amar lo humano por lo humano es mediocridad; amar lo humano por lo divino es enriquecedor; amar lo divino por sí mismo es santidad.

28 DE SEPTIEMBRE

Él tiene misericordia de los que le temen, de generación en generación. El temor se entiende aquí como filial, es decir, un encogimiento para no herir a quien se ama. Tal es el temor que tiene un hijo por un padre devoto y el temor que tiene un cristiano por Cristo. El miedo se relaciona aquí con el amor.

29 DE SEPTIEMBRE

El hombre que se hace a sí mismo un dios debe esconderse; de lo contrario, su falsa divinidad será desenmascarada.

30 DE SEPTIEMBRE

Aunque el Hijo del Hombre expresó su federación con la humanidad, tuvo mucho cuidado en señalar que era como el hombre en todo, excepto en el pecado. Desafió a sus oyentes a que lo condenaran por el pecado. Pero las consecuencias del pecado eran todas suyas como Hijo del Hombre. De ahí la oración de dejar pasar el cáliz; su resistencia al hambre y la sed; su agonía y sudor sangriento... Su resistencia a la preocupación, a la ansiedad, al miedo, al dolor, a la angustia mental, a la fiebre, al hambre, a la sed y a la agonía durante las horas de Su Pasión: todas estas cosas debían inspirar a los hombres a imitar al Hijo del Hombre. Nada de lo que era humano le era ajeno.

OCTUBRE

1 DE OCTUBRE

La Iglesia sabe también que casarse con la época actual y su espíritu es quedarse viuda en la siguiente.

2 DE OCTUBRE

Los hombres débiles que ocupan posiciones elevadas se rodean de hombres pequeños, para parecer grandes en comparación.

3 DE OCTUBRE

Dos principios inspiran gran parte del trato personal y social de muchos ciudadanos de nuestra tierra: «¿Qué puedo sacar de ello?» y «¿Puedo salirme con la mía?». El mal se confunde con el bien, y el bien con el mal. Los libros revueltos contra la virtud se califican de «valientes»; los que van contra la moral se anuncian como «atrevidos y con visión de futuro»; y los que van contra Dios se califican de «progresistas y que hacen época». Siempre ha sido la característica de una generación en decadencia pintar las puertas del infierno con el oro del Paraíso. En una palabra, gran parte de la llamada sabiduría de nuestros días está hecha de aquello que una vez clavó a nuestro bendito Señor en la Cruz.

4 DE OCTUBRE

La pureza no comienza en el cuerpo, sino en la voluntad. Desde allí fluye hacia afuera, limpiando el pensamiento, la imaginación y, finalmente, el cuerpo. La pureza corporal es una repercusión o un eco de la voluntad. La vida es impura solo cuando la voluntad es impura.

5 DE OCTUBRE

La nueva moral se resuelve así: te equivocas si haces algo que no te gusta hacer; y tienes razón si haces algo que te gusta hacer. Una moral así se basa no solo en la «fastidiosidad», sino en la «jocosidad». La norma de la moralidad se convierte entonces en el sentimiento individual de lo que es bello, en lugar de la estimación racional de lo que es correcto.

6 DE OCTUBRE

El Antiguo Testamento comienza con el Génesis de los cielos y la tierra a través de Dios haciendo todas las cosas. El Nuevo Testamento tiene otro tipo de Génesis, en el sentido de que describe el hacer nuevas todas las cosas.

7 DE OCTUBRE

La política se ha vuelto tan posesiva de la vida, que por impertinencia piensa que la única filosofía que puede tener una persona es la de la derecha o la de la izquierda. Esta cuestión apaga todas las luces de la religión para poder llamar grises a todos los gatos. Supone que el hombre vive en un plano puramente horizontal, y que solo puede moverse a la derecha o a la izquierda. Si tuviéramos ojos menos materiales, veríamos que hay otras dos direcciones a las que un hombre con alma puede mirar: las direcciones verticales de «arriba» o «abajo».

8 DE OCTUBRE

Los animales nunca recurren a los tribunales, porque no tienen voluntad de amar; pero el hombre, teniendo razón, siente la necesidad de justificar su comportamiento irracional cuando hace el mal.

9 DE OCTUBRE

Por lo general, no se le echa basura al estómago, pero con demasiada frecuencia se le echa basura a la mente.

10 DE OCTUBRE

Al igual que la educación, cuando pierde su filosofía de vida, se divide en departamentos sin ninguna integración o unidad excepto la accidental de la proximidad y el tiempo, y como un cuerpo, cuando pierde su alma, se divide en sus componentes químicos, así una familia, cuando pierde el vínculo unificador del amor, se rompe en el tribunal de divorcio.

11 DE OCTUBRE

Sufrimos de hambre de espíritu mientras gran parte del mundo sufre de hambre de cuerpo.

12 DE OCTUBRE

En el orden cristiano, no son los importantes los que son esenciales, ni los que hacen grandes cosas los que son realmente grandes. Un rey no es más noble a los ojos de Dios que un campesino. El jefe de gobierno con millones de tropas a su mando no es más valioso a los ojos de Dios que un niño paralítico. El primero tiene mayores posibilidades de hacer el mal, pero como la viuda en el Templo, si el niño cumple su tarea de resignación a la voluntad de Dios más que el dictador su tarea de procurar la justicia social para la gloria de Dios, entonces el niño es más grande. Con nuestra presencia en el mundo, estamos llamados a crear una sociedad capaz de reconocer la dignidad de cada persona y de compartir el don que cada uno es para el otro.

13 DE OCTUBRE

Bien se puede creer que una corona de espinas, y que los clavos de acero fueron menos terribles para la carne de nuestro Salvador que nuestra moderna indiferencia que no desprecia ni reza al Corazón de Cristo.

14 DE OCTUBRE

Así como los aunciadores de trenes, ellos conocen todas las estaciones, pero nunca viajan. El conocimiento de la cabeza no vale nada, si no va acompañado de la sumisión de la voluntad y de la acción correcta.

15 DE OCTUBRE

De nada sirve enseñar a los hombres a ser buenos, si no les da también el poder de serlo.

16 DE OCTUBRE

Los sensacionalistas extrañan la divinidad precisamente por eso: la verdadera religión siempre es poco espectacular. Las vírgenes necias van a comprar aceite para sus lámparas, y cuando vuelven, encuentran que el Esposo ya ha regresado. Y la puerta cerrada. Fue tan poco dramático. Una hermosa doncella toca la puerta de una posada, y el posadero le dice que no hay sitio. Entra a un establo y allí nace un niño. Era la entrada de Dios al mundo. Pero fue muy poco dramática.

17 DE OCTUBRE

Según mi experiencia, siempre es bueno no prestar atención a lo que dice la gente, sino a por qué lo dice.

18 DE OCTUBRE

Haz este experimento tanto si crees en Dios como si no. A la primera oportunidad que tengas, pásate por una iglesia católica y visítala. No es necesario que creas, como hacemos los católicos, que Nuestro Señor está real y verdaderamente presente en el sagrario. Pero siéntate allí durante una hora, y en esa hora experimentarás una paz sobrecogedora como nunca antes habías disfrutado en tu vida. Te preguntarás tal como me preguntó una vez un sensacionalista cuando hicimos una vigilia de adoración durante toda la noche en la Basílica del Sagrado Corazón de París: «¿Qué es lo que hay en esa iglesia?». Sin voz ni argumento ni exigencias estruendosas, tendrás conciencia de algo ante lo que tu espíritu se estremece: la sensación de lo Divino.

19 DE OCTUBRE

Todos los que han nacido en el mundo lo han hecho para vivir; nuestro Señor vino al mundo para morir.

20 DE OCTUBRE

Si la muerte fue el momento supremo por el que vivió Cristo, fue, por tanto, lo único que quiso que se recordara. No pidió que los hombres escribieran Sus Palabras en una Escritura; no pidió que Su bondad con los pobres quedara registrada en la historia; pero sí pidió que los hombres recordaran Su muerte. Y para que Su recuerdo no fuera una narración azarosa por parte de los hombres, Él mismo instituyó la forma precisa en que debía ser recordada. El recuerdo fue instituido la noche antes de morir, en lo que desde entonces se ha llamado «La Última Cena». Él se ofreció como Víctima para ser inmolada, y para que los hombres no olvidaran nunca que nadie tiene mayor amor que el que da la vida por sus amigos»; Él dio la orden divina a la Iglesia: «Haced esto en conmemoración mía».

21 DE OCTUBRE

La inteligencia finita necesita muchas palabras para expresar las ideas; pero Dios habla de una vez por todas dentro de sí mismo: una sola Palabra que alcanza el abismo de todas las cosas que se conocen y pueden conocerse. En esa Palabra de Dios se esconden todos los tesoros de la sabiduría, todos los secretos de las ciencias, todos los diseños de las artes, todo el conocimiento de la humanidad. Pero este conocimiento, comparado con la Palabra, es solo la más débil sílaba rota.

22 DE OCTUBRE

El carácter se juzga hasta cierto punto por lo que un hombre hace con sus caídas. Un cerdo cae en el barro y se queda allí; una oveja cae y se aleja.

23 DE OCTUBRE

Nuestros intelectos no hacen la verdad; la alcanzan: la descubren.

24 DE OCTUBRE

La cortesía es una forma de mostrar externamente la consideración interna que tenemos por los demás. Los buenos modales son la sombra que proyectan las virtudes.

25 DE OCTUBRE

La vida es como una caja registradora, en la que cada cuenta, cada pensamiento, cada acto, así como cada venta, se registra y se anota.

26 DE OCTUBRE

Si, en su orgullo, alguien considera a Dios como un desafío, lo negará; y si Dios se hace hombre y, por tanto, se hace vulnerable, lo crucificará a Él.

OCTUBRE 27

El aprendizaje viene de los libros; la penetración de un misterio viene del sufrimiento.

28 DE OCTUBRE

El escepticismo nunca está seguro de sí mismo, siendo menos una posición intelectual firme que una pose para justificar un mal comportamiento.

29 DE OCTUBRE

Hay ángeles cerca de ti para guiarte y protegerte, si simplemente los invocas. No es más tarde de lo que pensamos, es un mundo más grande de lo que pensamos.

30 DE OCTUBRE

Hay una tendencia entre muchos pensadores superficiales de nuestros días a enseñar que todo acto humano es un reflejo, sobre el cual no ejercemos control humano. Considerarían que una acción generosa no es más loable que un guiño, que un crimen no es más voluntario que un estornudo... Tal filosofía socava toda la dignidad humana...Todos nosotros tenemos el poder de elegir en acción en cada momento de nuestras vidas.

31 DE OCTUBRE

En toda amistad los corazones crecen y se entrelazan, de modo que los dos corazones parecen hacer un solo corazón con un solo pensamiento común. Por eso la separación es tan dolorosa; no se trata tanto de dos corazones que se separan, sino de uno que se desgarra.

NOVIEMBRE

1 DE NOVIEMBRE

Si queremos tener la luz, debemos conservar el sol; si queremos conservar nuestros bosques, debemos conservar nuestros árboles; si queremos conservar nuestros perfumes, debemos conservar nuestras flores; y si queremos conservar nuestros derechos, debemos conservar a nuestro Dios.

2 DE NOVIEMBRE

Podemos pensar en la Cuaresma como un tiempo para erradicar el mal o para cultivar la virtud, un tiempo para arrancar las malas hierbas o para sembrar buenas semillas. Está claro qué es lo mejor, porque el ideal cristiano es siempre positivo y no negativo.

3 DE NOVIEMBRE

Si no se salvan las almas, no se salva nada; no puede haber paz en el mundo sin paz en las almas.

4 DE NOVIEMBRE

El orgullo es una admisión de debilidad; teme secretamente toda competencia y teme a todos los rivales.

5 DE NOVIEMBRE

Mientras nos hacemos mejores, menos conscientes somos de nuestra bondad. Si alguien admite ser un santo, está cerca de ser un demonio... Mientras más santos nos hacemos, menos conscientes somos de ser santos. Un niño es lindo mientras no sepa que es lindo. En cuanto cree que lo es, es un mocoso. La verdadera bondad es inconsciente.

6 DE NOVIEMBRE

El mundo se encuentra en estado de pecado mortal, y necesita la absolución. Los tópicos vanos y la «regeneración», la «Constitución» y el «progreso» no van a salvarnos, aunque sigamos gritándolos cada vez más fuerte. Necesitamos una nueva palabra en nuestro vocabulario y esa palabra es: Dios.

7 DE NOVIEMBRE

Si un barco navega por un canal contaminado y desea trasladarse a aguas limpias en un nivel superior, debe pasar por un dispositivo que bloquee las aguas contaminadas y eleve el barco a la posición superior. La Inmaculada Concepción de María fue como esa esclusa... A través de ella, la humanidad pasó del nivel inferior de los hijos de Adán al nivel superior de los hijos de Dios.

8 DE NOVIEMBRE

El hecho es que quieres ser perfectamente feliz, pero no lo eres. Tu vida ha sido una serie de decepciones, impactos y desilusiones. ¿Cómo has reaccionado a tus decepciones? O te has vuelto cínico o te has vuelto religioso.

9 DE NOVIEMBRE

Nuestro disfrute de la vida aumenta enormemente si seguimos el mandato espiritual de introducir un poco de mortificación y abnegación en nuestras vidas.

10 DE NOVIEMBRE

La felicidad debe ser nuestra dama de honor, no nuestra novia.

11 DE NOVIEMBRE

Incluso las amistades se maduran en el silencio. Los amigos se hacen con palabras, el amor se conserva en el silencio. Los mejores amigos son los que saben guardar los mismos silencios.

12 DE NOVIEMBRE

La rapidez de la comunicación, los telediarios de cada hora, las noticias del día siguiente la noche anterior... todo ello hace que la gente viva en la superficie de su alma. El resultado es que muy pocos viven dentro de sí mismos. Sus estados de ánimo están determinados por el mundo.

13 DE NOVIEMBRE

Nunca antes los hombres han tenido tantos dispositivos para ahorrar tiempo. Nunca antes han tenido tan poco tiempo para el ocio o el reposo. Sin embargo, pocos son conscientes de ello: la publicidad ha creado en las mentes modernas la falsa noción de que el ocio y el no trabajar son lo mismo: que mientras más rodeados estamos de tornillos y ruedas, interruptores y artilugios, más tiempo hemos conquistado para nosotros.

14 DE NOVIEMBRE

Reposo: el verdadero ocio no puede disfrutarse sin un cierto reconocimiento del mundo espiritual, pues el primer propósito del reposo es la contemplación del bien.

15 DE NOVIEMBRE

El egoísta, aislado en su grandeza autoimaginada, vive en un mundo de mentira, porque la verdad sobre sí mismo perforaría su autoinflación.

16 DE NOVIEMBRE

La humildad es el camino del conocimiento. Ningún científico aprendería los secretos del átomo si, en su engreimiento, le dijera al átomo lo que él cree que debe hacer. El conocimiento llega solo con la humildad ante el objeto que puede aportarnos la verdad.

17 DE NOVIEMBRE

Nuestro mundo moderno ha producido una generación de políticos ricos que hablan de amor a los pobres, pero nunca lo demuestran con hechos; y por una camada de pobres cuyos corazones están llenos de envidia por los ricos y de codicia por su dinero.

18 DE NOVIEMBRE

Las circunstancias externas pueden condicionar nuestra perspectiva mental y nuestras disposiciones, pero no las causan.

19 DE NOVIEMBRE

Estaba solo, hasta que encontró a Dios.

20 DE NOVIEMBRE

Mientras más materialista es una civilización, más prisa tendrá.

21 DE NOVIEMBRE

Satanás puede aparecer con muchos disfraces como Cristo, y al final del mundo aparecerá como benefactor y filántropo, pero Satanás nunca ha aparecido ni aparecerá con cicatrices.

22 DE NOVIEMBRE

La principal causa del descontento es el egoísmo, que hace que el yo se convierta en la planta principal alrededor de la cual deben girar todos los demás. La segunda causa del descontento es la envidia, que nos hace considerar las posesiones y los talentos de los demás como si nos los hubieran robado. La tercera causa es la codicia, o el deseo desmedido de tener más, para compensar el vacío de nuestro corazón. La cuarta causa del descontento son los celos, que a veces son ocasionados por la melancolía y la tristeza, y otras veces por el odio a quienes tienen lo que deseamos para nosotros.

23 DE NOVIEMBRE

Lo que amamos en exceso, a menudo lo lamentamos en exceso.

24 DE NOVIEMBRE

Porque vivimos en un mundo en el que la posición se determina económicamente, olvidamos que en el mundo de Dios la realeza son los que hacen Su voluntad.

25 DE NOVIEMBRE

Es típicamente americano sentir que no estamos haciendo nada a menos que hagamos algo grande. Pero desde el punto de vista cristiano, no hay una cosa que sea más grande que cualquier otra.

26 DE NOVIEMBRE

Un católico puede pecar y hacerlo tan mal como cualquier persona, pero ningún católico genuino niega jamás que es un pecador. Un católico quiere que sus pecados sean perdonados, no excusados ni sublimados.

27 DE NOVIEMBRE

Juzga a la Iglesia Católica no por los que escasamente viven de acuerdo con su espíritu, sino por el ejemplo de quienes viven más cerca de ella.

28 DE NOVIEMBRE

Pero cuando finalmente los pergaminos de la historia estén completos, hasta la última palabra del tiempo, la línea más triste de todas será: «No había lugar en la posada». La posada era el lugar de reunión de la opinión pública, el centro de los estados de ánimo del mundo, el punto de encuentro de los mundanos, el lugar de reunión de los populares y los exitosos. Pero en el lugar donde se reúne el mundo no hay sitio. El establo es un lugar para los marginados, los ignorados y los olvidados.

29 DE NOVIEMBRE

El mundo podría haber esperado que el Hijo de Dios naciera en una posada; un establo sería sin duda el último lugar del mundo donde se le buscaría. La lección es: la divinidad siempre está donde menos se espera encontrarla. Así que el Hijo de Dios hecho hombre es invitado a entrar a Su propio mundo por una puerta trasera.

30 DE NOVIEMBRE

Como el «no» de Eva demuestra que la criatura fue hecha por amor y, por tanto, es libre, así el Fiat [de María] demuestra que la Criatura fue hecha también por amor.

DICIEMBRE

1 DE DICIEMBRE

El dolor profundo no ocurre porque uno haya violado una ley, sino solo si uno sabe que ha roto la relación con el Amor Divino.

2 DE DICIEMBRE

Es una característica de cualquier civilización en decadencia que las grandes masas del pueblo sean inconscientes de la tragedia. La humanidad en crisis es generalmente insensible a la gravedad de los tiempos en que vive. Los hombres no quieren creer que sus propios tiempos son malos, en parte porque implica demasiada autoacusación y principalmente porque no tienen estándares fuera de ellos mismos por los cuales medir sus tiempos.

3 DE DICIEMBRE

Pero en un conflicto entre la verdad y la oscuridad, la verdad no puede perder.

4 DE DICIEMBRE

El mal puede tener su hora, pero Dios tendrá su día.

5 DE DICIEMBRE

El Rosario es la mejor terapia para estas almas angustiadas, infelices, temerosas y frustradas, precisamente porque implica el uso simultáneo de tres poderes: el físico, el vocal y el espiritual, y en ese orden.

6 DE DICIEMBRE

No es particularmente difícil encontrar a miles de personas que pasen dos o tres horas al día haciendo ejercicio, pero si se les pide que doblen sus rodillas ante Dios en cinco minutos de oración, protestan que es demasiado tiempo.

7 DE DICIEMBRE

Me pregunto si nuestro Señor no sufre más por nuestra indiferencia, que por la crucifixión.

8 DE DICIEMBRE

Todo ideal terrenal se pierde al ser poseído. Cuanto más material sea tu ideal, mayor será la decepción; cuanto más espiritual sea, menor será la desilusión.

9 DE DICIEMBRE

Cambia por completo tu punto de vista. La vida no es una burla. Las decepciones no son más que marcas en el camino de la vida, que dicen: «La felicidad perfecta no está aquí». Aunque tus pasiones hayan sido satisfechas, tú nunca estuviste satisfecho, porque mientras tus pasiones pueden encontrar satisfacción en este mundo, tú no puedes.

10 DE DICIEMBRE

Muchas personas cometen el gran error de apuntar directamente al placer; olvidan que el placer solo proviene del cumplimiento de un deber o de la obediencia a una ley, pues el hombre está hecho para obedecer las leyes de su propia naturaleza tan ineludiblemente como debe obedecer las leyes de la gravedad. Un niño siente placer al comer helado porque está cumpliendo uno de los «deberes» de la naturaleza humana: comer. Si come más helado de lo que las leyes de su cuerpo sancionan, ya no obtendrá el placer que busca, sino el dolor de estómago. Buscar el placer, sin tener en cuenta la ley, es perderlo.

11 DE DICIEMBRE

El (reposo) nos recuerda que todas las acciones obtienen su valor de Dios: «adorar» significa «admitir el valor». Adorar es devolver a nuestra vida cotidiana su verdadero valor poniéndola en su verdadera relación con Dios, Quien es su fin y el nuestro.

12 DE DICIEMBRE

El mundo no bendice al manso, sino al vengativo; no alaba al que pone la otra mejilla, sino al que devuelve mal por mal; no exalta al humilde, sino al agresivo. Las fuerzas ideológicas han llevado ese espíritu de violencia, de lucha de clases y de puño cerrado a un extremo que el mundo nunca había visto.

13 DE DICIEMBRE

Cualquier libro que nos inspire a llevar una vida mejor es un buen libro.

14 DE DICIEMBRE

Hoy en día muy poca gente cree en el diablo, lo cual le viene muy bien a él. Siempre está ayudando a difundir la noticia de su propia muerte. La esencia de Dios es la existencia, y Él se define como: «Yo soy el que soy». La esencia del diablo es la mentira, y se define a sí mismo como: «Yo soy quien no soy». Satanás tiene muy pocos problemas con los que no creen en él; ya están de su lado.

15 DE DICIEMBRE

Si traer niños al mundo es hoy una carga económica, es porque el sistema social es inadecuado; y no porque la ley de Dios esté mal. Por lo tanto, el Estado debe eliminar las causas de esa carga. Lo humano no debe limitarse ni controlarse para adaptarse a lo económico, sino que lo económico debe ampliarse para adaptarse a lo humano.

16 DE DICIEMBRE

El ateo moderno no descree por su intelecto, sino por su voluntad; no es el conocimiento lo que le convierte en ateo... La negación de Dios surge del deseo del hombre de no tener un Dios: de su deseo de que no haya Justicia detrás del universo, para que sus injusticias no teman el castigo; de su deseo de que no haya Ley, para no ser juzgado por ella; de su deseo de que no haya Bondad Absoluta, para poder seguir pecando impunemente. Por eso el ateo moderno se enoja siempre que oye hablar de Dios y de la religión: sería incapaz de tal resentimiento si Dios fuera solo un mito.

17 DE DICIEMBRE

Cuando uno piensa en el estado en que se encuentra el mundo ahora, a veces desearía que Noé hubiera perdido el arca.

18 DE DICIEMBRE

Si yo no fuera católico y buscara la verdadera Iglesia en el mundo actual, buscaría la única Iglesia que no se lleva bien con el mundo; en otras palabras, buscaría la Iglesia que el mundo odiara. Mi razón para hacer esto sería que si Cristo está en cualquiera de las iglesias del mundo hoy, Él debe ser todavía odiado como lo fue cuando estuvo en la tierra en la carne. Si quieres encontrar a Cristo hoy, entonces encuentra la Iglesia que no se lleva bien con el mundo.

19 DE DICIEMBRE

Busca la Iglesia que es odiada por el mundo, así como Cristo fue odiado por el mundo. Busca la Iglesia que es acusada de estar atrasada, así como Nuestro Señor fue acusado de ser ignorante y de no haber aprendido nunca. Busca la Iglesia a la que los hombres tachan de socialmente inferior, así como se burlaron de Nuestro Señor porque venía de Nazaret... Busca la Iglesia que el mundo rechaza porque pretende ser infalible, así como Pilatos rechazó a Cristo porque se proclamaba a sí mismo como la Verdad. Busca la Iglesia que en medio de la confusión de las opiniones encontradas, sus miembros aman como a Cristo, y respetan su voz así como la voz misma de su Fundador, y crecerá la sospecha, de que si la Iglesia es impopular con el espíritu del mundo, entonces es ajena al mundo, y si es ajena al mundo, es de otro mundo. Y como es de otro mundo, es infinitamente amada e infinitamente odiada como lo fue Cristo mismo.

20 DE DICIEMBRE

Las personas buenas no se acercan a Dios, porque se creen buenas por méritos propios o malas por instintos heredados. Si hacen el bien, creen que deben recibir el crédito por ello; si hacen el mal, niegan que sea su propia culpa. Son buenos por su propio buen corazón, dicen; pero son malos porque son desafortunados, ya sea en su vida económica o por una herencia de genes malos de sus abuelos.

21 DE DICIEMBRE

Las personas buenas rara vez acuden a Dios; toman su tono moral de la sociedad en la que viven. Como el fariseo frente al templo, se creen ciudadanos muy respetables. La elegancia es su prueba de virtud; para ellos, lo moral es lo estético, lo malo es lo feo. Cada movimiento que hacen está dictado, no por el amor al bien, sino por la influencia de su edad. Sus intelectos son cultivados en el conocimiento de los acontecimientos actuales; solo leen los éxitos de ventas, pero sus corazones son indisciplinados. Dicen que irían a la Iglesia si esta fuera mejor, pero nunca dicen cuánto mejor debe ser la Iglesia para que ellos se unan a ella. A veces condenan los pecados graves de la sociedad, como el asesinato; no se sienten tentados a cometerlos porque temen el oprobio que les llega a quienes los cometen. Evitando los pecados que la sociedad condena, escapan al reproche, se consideran buenos por excelencia.

22 DE DICIEMBRE

La misma libertad que el pecador supuestamente ejerce en su autoindulgencia no es más que otra prueba de que está gobernado por el tirano.

23 DE DICIEMBRE

No ha habido ninguna influencia que haya hecho más por impedir que el hombre encuentre a Dios y reconstruya su carácter, que haya hecho más por rebajar el tono moral de la sociedad que la negación de la culpa personal. Este repudio de la responsabilidad personal del hombre por su acción se justifica falsamente de dos maneras: asumiendo que el hombre es solo un animal y dando al sentimiento de culpa la etiqueta de «mórbido».

24 DE DICIEMBRE

Lo que se descubre puede ser abusivo, pero eso no significa que el descubrimiento haya sido malo.

25 DE DICIEMBRE

No es el santuario lo que está en peligro; es la civilización. No es la infalibilidad la que puede desplomarse; son los derechos personales. No es la Eucaristía la que puede desaparecer; es la libertad de conciencia. No es la justicia divina la que puede evaporarse; son los tribunales de la justicia humana. No es que Dios sea expulsado de su trono; es que los hombres pierdan el sentido del hogar; ¡pues la paz en la tierra solo llegará a los que den gloria a Dios! No es la Iglesia la que está en peligro, es el mundo.

26 DE DICIEMBRE

Muchos predicadores modernos están mucho menos preocupados por predicar a Cristo y a Él crucificado que por su popularidad ante su congregación.

27 DE DICIEMBRE

Dado que el mal no es nada positivo, no puede haber un principio de maldad. No tiene ningún significado si no es en referencia a algo bueno.

28 DE DICIEMBRE

Vivimos en tiempos peligrosos, cuando los corazones y las almas de los hombres son puestos a prueba. Nunca antes el futuro ha sido tan imprevisible; no estamos en un período de transición con la creencia en el progreso para impulsarnos, sino que parecemos entrar al reino de lo desconocido, sin alegría, desilusionados y sin esperanza. El mundo entero parece estar en un estado de viudez espiritual, poseído por la desgarradora devastación de quien emprendió el curso de la vida alegremente en íntima camaradería con otro, y luego queda desprovisto de ese compañero para siempre.

29 DE DICIEMBRE

Nuestro Señor nació no solo de su carne, sino también por su consentimiento.

30 DE DICIEMBRE

La vida de un obispo debe ser más perfecta que la de un ermitaño. La razón que dio fue que la santidad que conserva el monje en el desierto debe ser conservada por el obispo en medio de la maldad del mundo.

31 DE DICIEMBRE

Con la cuna vista como un tabernáculo y el niño como una especie de hostia, entonces el hogar se convierte en un templo vivo de Dios. La sacristana de ese santuario es la madre, que nunca permite que se apague la lámpara del tabernáculo de la fe.

¿Puede alguien que se ha roto,
ser sanado y ser más hermoso
¿que nunca antes?